写真集

昭和の肖像〈町〉

小沢昭一

筑摩書房

まずは東京観光

二重橋前にて、はとバスの記念撮影［東京 1970年］

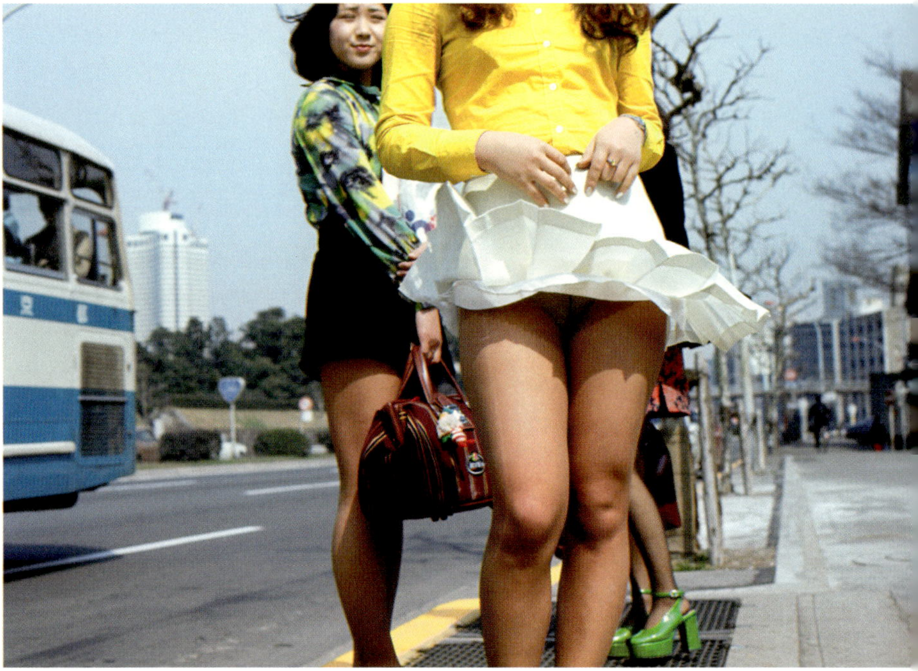

上／赤坂あたり［東京］　下・左頁／浅草の都電［東京］

須田町
仁丹
乗降者優先
7004
24

浅草寺界隈

右頁／浅草寺宝蔵門　上／境内にて

左／托鉢僧　右／仲見世・瓢たん屋お内儀

左／三味線と太鼓の門付けの二人［1972年］　右／ちんどんや

三社祭喧噪

浅草三社祭にて［1972年］

上４点・左頁／浅草三社祭にて［1972年］

福八
祭

露店・路上

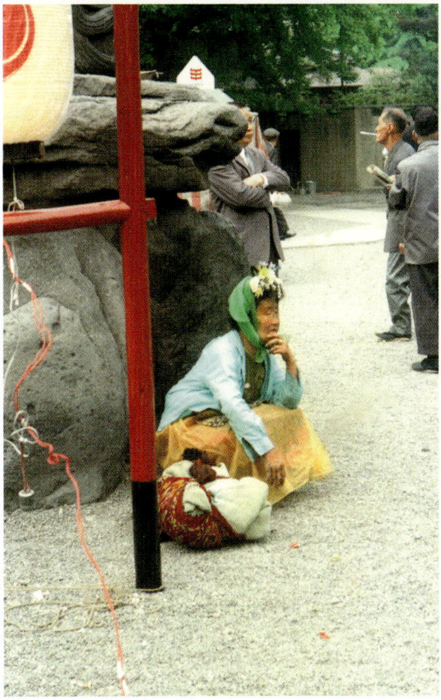

右頁上／浅草寺境内・金魚売りのお兄さんの昼寝　右頁下／浅草寺裏には射的屋があった
上左／境内のお守り売り　上右／やどかり売り
下左／境内にたたずむ人　下右／修繕屋

新門

右頁上／新橋の車夫日吉組［東京 1972年］
右頁下／ほおずき市。浅草寺境内の出店を仕切る新門は「新門辰五郎」の流れを汲む
上／浅草・伝法院通りの古物商　下／本所［東京 1972年］

商品いろいろ

上／浅草寺境内の金魚売り　下／浅草寺脇の路上にて

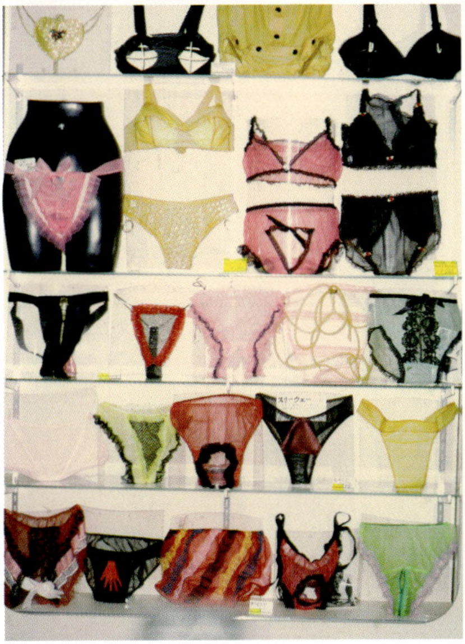

上／合羽橋商店街の商品サンプル東京［東京］
下左／特種パンティ製造販売「ニューポート社」のショーウィンドウ［東京］
下右／浅草にて、屋台のおもちゃ屋

子供のいる風景

左／玉の井の焼きいも屋　右／浅草［ともに東京］
左頁／撮影地不明

グリコ
カプリコ
グリコ
コロン
BONBON
雪印アイスクリーム

後姿のなつかしや

右頁上／バスに殺到する人々［京都］　右頁下／上野動物園にて［東京］
上段左から／上野、上野、不明　中段／左右とも不明　下段左から／吉原、浅草、撮影地不明

物干し事情

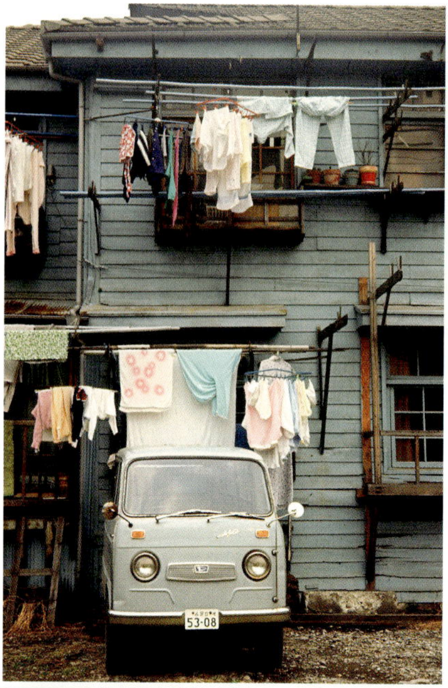

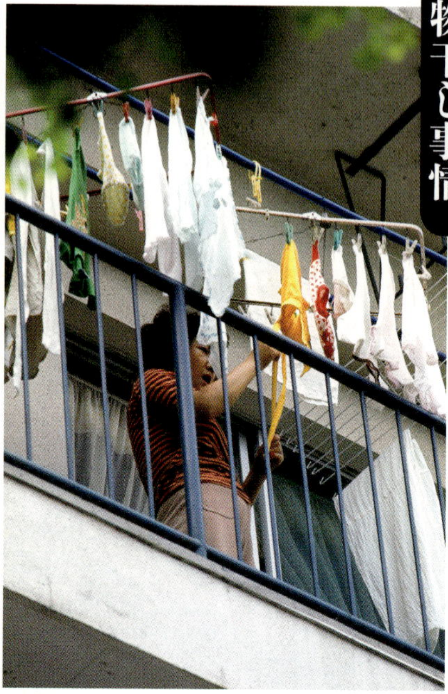

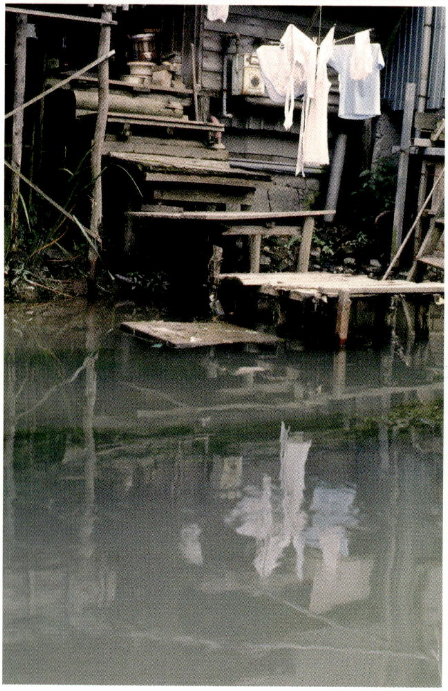

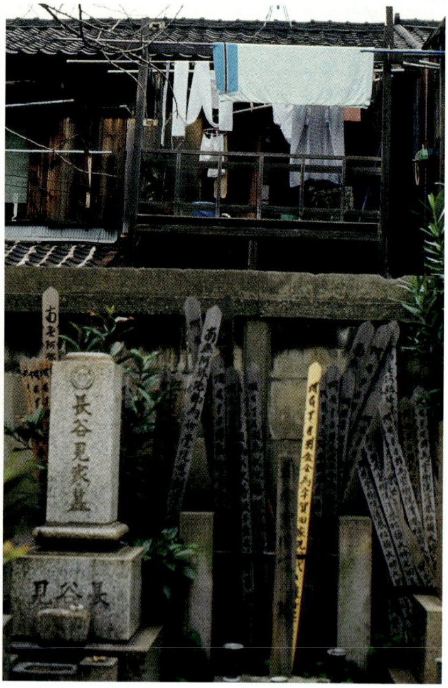

上４点／撮影地不明

上／撮影地不明　下／吉原の裏路地［東京］

慈恵診療所
旅館
みやこ
臨床医学研究所
慈恵診療所
京町トルコ
此の奥

右頁／吉原の慈恵診療所
上左・下左／吉原の路地　上右／吉原の鉄筋女郎屋八号館
下右／吉原の特殊浴場「平安」従業員御一同［1972年］

上／鳩の街［1972年］　左頁／玉の井［1972年］

旅館
錦水

住簡易内職斡旋所

右頁／千住［1972年］　上左・上右／千住［1972年］
下左／小岩の東京パレス跡［1972年］　下右／小岩［1972年］

上左・上右／洲崎［1972年］　下／品川［1972年］　左頁／洲崎［1972年］

新宿花園街［1972年］

写真集

昭和の肖像〈町〉

もくじ

装丁・割付　船木有紀
画像作成　矢幡英文

路地逍遥

佃島の路地［東京］

上左／本郷　上右／東上野の鳶の家　下左／浅草の路地　下右／千住
左頁／湯島［いずれも東京］

BAR
コケシ
9月15日
オープン！
新装開店
大衆料金で皆様に
ご満足いただける店
急募
ホステス10名
バーテンダー若干名
バー
ローズ
TEL (602)4414

吉原の路地［東京］

佃島［東京］

撮影地不明

路地を歩けば

私は町なかの散策を至上の楽しみとしていますが、その町歩きも、裏道や路地をたどるほうが好みであります。

路地で生まれ、路地で遊んだ私にとって、裏路地はまさしくフルサトですし、実は恥ずかしがりで、普段は出来るだけ目立たないようにしていたい私には、表より裏のほうが居心地……いや、歩き心地がいいのです。

それに表通りは、なにやら虚飾に満ちておりますが、裏道では、ときに、まことの人生の喜怒哀楽がチラと見えたりして……。

昨日も、さる下町の、とある路地を歩いておりましたが、まっ裸の子供が急に右側の家から飛び出してきて、大泣きしながら一直線に左側の家へ入って行ったり、もう何年も前に物故された明治生まれの詩人の家の表札が、まだそのまんまにしてあったり、いやに派手な下着をアパートの軒下から取込む女が、ばかに老けていたり……その整形らしき目で睨《にら》まれたり、こんな場所に開店したって、こりゃはやる見込みはない、早晩ツブレルと賭けてもいい間口一間《いっけん》の揚げもの屋のあるじが、何者だろう、至極上品な紳士だったり、路地歩きは、しばしば小説でも読んでいるような感興にひたれます。止められません。

［一九八六年］

商売稼業

渋谷［東京 1972年］

外食券食堂
坂二
食堂
酒
マグレイン
相談薬局
マグレイン
相談薬局
マグレイン
相談薬局
マグレイン
相談薬局

右頁／上野［東京 1974年］
上／京都

屋台のトコロテン売り［大阪］

浅草、夕方屋台でおでんを買う人たち［東京］

博多、路上の修理屋［福岡］

住吉大社［大阪］

上左／ラムネを売る店　上右／路上の易断
下左／ひさご通りの笛売り　下右／六区の大道芸人［いずれも浅草・東京］

浅草の行商の女性［東京］

根岸の紙芝居屋［東京］

道の商いの売り声

昔は道を辿《たど》っての商いが盛んでした。まだ暗い早朝、牛乳瓶をカタカタ鳴らして牛乳屋さんが、そして新聞配達が「ギューッ」としごく音をさせて朝刊を入れていく頃、納豆屋さんの「ナットナットーナット」の声。子供の納豆売りも多く、「あの子が来てから買ってやんな」と子供のほうを待ちました。

豆腐屋さんはプーププーとラッパを吹きながら「トーフィ、生揚げ、がんもどき……」。蜆《しじみ》売りが「あさり、しじみェィ」。……子供がきっと真似して「アッサリ死んじまぇ」なんて言いました。研《と》ぎ屋さんが「ハサミ、包丁、バリカン、かみそり研ぎィ」。傘の修理屋さんが「傘やこうもりの直し」。車を引いて豆屋さんが「お多福豆ェー柔らかい豆エ」。鋳掛《いか》け屋さんが「ええ、鋳掛け屋ィー」と威勢よければ、屑屋さんは「くずやおはらいィー」とのんびり。

煙管《きせる》直しの羅宇《ラオ》屋さんはピーと蒸気で笛を鳴らして車を引いてきます。花いっぱいの車を引いた花屋さんは花バサミをカチカチ鳴らすのが合図。下駄の歯入れ屋さんは引き車に鼓《つづみ》をつけてポンポンポンポンポン。おでん屋さんは大きな鈴をチリンチリン。薬売りの定斎《じょさい》屋さんはかついでいる簞笥《たんす》の引き出しの取っ手がガッチャガッチャ。町の人々はみんなその音で何屋さんが来たと知りました。

夏ともなれば「金魚ェー金魚、メダカ、ヒメダカ、デメキン……」の金魚屋さん。「朝顔の苗やヘチマの苗ェー」の苗屋さん。「ええ、漬け梅《ツケンメ》～」は、梅干しにする梅の実をザルにのせ、天秤棒《てんびんぼう》をかついできました。

子供たちが学校から帰った頃は拍子木《ひょうしぎ》を、あるいは大太鼓を打って紙芝居屋さん。空地では猿廻しが大きな輪に人を集めましたし、飴屋さんは頭の上に旗の立った平桶をのせて「エー早く皆出て飴買っておくれ、この飴なめたら寝小便が止まる」。またチンドン屋さんの行列には、子供がゾロゾロ後をつけていったものです。

お正月ともなれば、万歳、獅子舞、角兵衛獅子など年頭の祝福芸が朝早くから。その他さまざまな芸能も道を辿って訪れました。

日暮れともなると、いわし屋さんが「エーいわしコィ」。……もっとも売り声は地方、地域によってさまざまで、関西のいわし売りは「いわしやいわし、手々嚙《てでか》むいわし」なんて叫んでいたようです。夜は夜で、「火の用心」の拍子木の音。チャルメラを吹いてシナソバの屋台がくる。「ピーピピー」という笛の音は按摩《あんま》さんでした。

まだまだいろいろ、一日中、何かしら町に〝音〟が流れていたものです。

いま、それを〝街の風物詩〟と懐しむ人もいるのですが、その一つ一つは、人の身すぎ世すぎの切ない稼業でもあったわけで、それがすっかり途絶えてしまったことは、むしろ喜ぶべきことでもありましょう。

でも、あの、人がケナゲに、汗水たらして一生懸命働いていた時代は、なんとも慕わしく思われますね。

［二〇〇〇年］

上／浅草の駄菓子屋　下／根岸の駄菓子屋［ともに東京］

上／メンコをたくさん売っていた　下／ベーゴマ［ともに浅草］

水色蒼然

右頁／東日暮里の路地　上／湯島［ともに東京］

上／池上線沿線界隈、路地奥の井戸　左頁／本郷、石段下の井戸［ともに東京］

右頁・上／池上線沿線界隈［東京］　下／撮影地不明

上／撮影地不明　左頁／佃島［東京］

一銭玉の世界――駄菓子屋

先日、長野県は信濃追分の旅館に泊まり、翌朝、旧中仙道を散歩しておりましたら、昔は旅籠《はたご》屋だったのでしょうか、いかにも古い建物があり、いまは煙草屋兼雑貨屋兼駄菓子屋なのであります。

奥に老婆がちょこんと座っていて、そのまわりに子供相手の菓子やおもちゃがゴチャゴチャと積まれてあります。構えも雰囲気も、子供の頃の駄菓子屋そのままなものですから、私、思わず中へ吸いこまれました。

「いらっしゃい」

おばばと目があいまして、これじゃ何か買わなくてはなりません。では、何がほしいかなァ……と探しまして、オヤ？　目に入ったのは……オッ、写真メン！

私たちの少年時代に、名刺型よりひとまわり小さい、相撲の力士のブロマイドのメンコがありました。これは、駄菓子屋の店頭で売られている時は、勝手に写真が選べないように、一枚一枚袋に入って束ねられ、紐で吊るされてありました。その表紙には、子供のほしがりそうな人気力士の写真が一枚貼りつけてあります。一銭出してその袋をどれか引き抜くと、あっ磐石《ばんじゃく》だ、笠置山だ、なァんだまた双葉山か、というような具合だったのです。

実は私、いま、ぶら下がっていた小袋の束を見て、アッ、写真メンと思ったのは、見たとたん、懐しさに一瞬目がくらんだためでして、それは写真メンではありませんでした。

一見、写真メンとそっくりですが、よく見れば「いれずみ」と書いてあります。一袋引いてみたら、花札と般若《はんにゃ》の面のウツシ絵（水につけてから肌に貼り、はがせば絵が肌にうつっている）が二枚入っておりました。

しかし私は、それが写真メンと同じ引き袋式だというだけで慕わしく、残りを全部、三十何枚まとめて買ってしまったのです。

「エッ、全部？　ハァ……全部？」

おばあさんに何度も念を押されました。

近頃とんと、メンコで遊んでいる子供を見ません。ベーゴマやビー玉などと一緒に、売られているのは時折見かけますが、買ってゆくのはオトッツァンばかり。どうも〝レトロ用品〟になってしまったようです。

メンコは、私どもが子供の頃、東京地方では、丸メン、謎メン、写真メン、相撲メン……などいろいろ種類がありました。これは時代により地方により、少しずつ違いがあると思われます。メンコという呼称も、これは東京地方だけのもの。東北ではパッタ、関西ではベッタン、九州博多でパッチン……とさまざまです。

ま、メンコにつきましては、以前にも〝思いのたけ〟を記したのですが（岩波現代文庫『わた史発掘』）、私の最も熱中したのは写真メンです。これは映画スターのものもありましたが、なにしろ当時は相撲の黄金時代、写真メンのほとんどは力士の写真でした（別に、ちょっとバンザイをしているような格好の、相撲の立姿を絵にしたボール紙のメンコもありまして、この方は相撲メンといいました）。

私は子供だてらに度はずれた相撲狂で、写真メンの収集に血道をあげました。もちろん、メンコでの勝負もやるのですが、それほどわざが下手でもないのに、よく負けてメンコを沢山とられてしまうのです。メンコも一種の勝負事で、私にはバク才がないのです。いま麻雀でも必ず勝負に負けます。いえ、なにもこんなところでコボスこともないのですが……。

ですから、箱に二杯もの、恐らく何千枚とあった写真メンは、メンコに勝って集めたのではなく、小遣いもお年玉も臨時収入も、すべてを注ぎこんで長い間に買い集めたものでした。

何のコレクションでもそうですが、集めだすと珍しいものがほしくなります。しかし写真メンは、写真を選ぶわけにはいきませんから、袋を引いても引いても、自分の持っているのと同じものが出てくるという場合が多いのです。
ところが卸屋のちがう品物は、内容がガラッとかわっていることを知り、電車に乗って遠くの、卸系統のちがう駄菓子屋まで出かけてゆき、束ごと買い占めたこともありました。
当時は、玉錦、武蔵山、男女《みな》の川、双葉山の四横綱時代です。ところが友達で、その一時代前の横綱、常陸山の土俵入りの写真メンを持っているのがいました。珍品です。
もうほしくてほしくて、お世辞なんかつかいながらスリ寄っていって、恐る恐る交換条件をきいてみたところ、向こうも実は、私をおびき寄せていたらしく、常陸山一枚と、何か五百枚とを取り換えようなどと、法外な条件を出してきました。でも結局、先方のいいなりになりました。弱いもんです。
しかし、そうやって集めた貴重なる写真メンの山、今となれば相撲史の資料ともなろうものを、おやじが「こんなことばかりして勉強しない」と怒って焼いてしまい、でも、そのあと、また隠れて集めていたのですが、それも例の空襲ですっかり焼失してしまいました。戦争ハンターイ！　ですな。でもその時は、もう何もかも根こそぎ失いましたので、特に写真メンを惜しいとは思いませんでした。むしろこのごろになって、あの写真メンに愛惜の情がつのります。
以前、テレビでちらっとそのことを話しましたら、見ず知らずの方が、五枚、十枚と秘蔵品を送って下さいました。残留孤児の対面ほどではありませんが、私は写真メンに涙をにじませて頰ずりしたものです。
駄菓子屋は、幼い子供にとって、身をもって社会へ出てゆく、最初の試練の場でもありました。生まれてはじめて自分ひとりでお金を使うわけです。
駄菓子屋へかけつけて、握りしめた一銭玉をオズオズと差し出しますと、おばさんが「何がほしいの、これかい？　それともこれかい？」などと、あれやこれや見せます。子供のほしいものは別で、奥にある大きい六角凧《だこ》なんかを指さす。「あれは一銭じゃ買えないんだよ」……冷たくピシッと断られますと、仕様がない、ほしいものをだんだん格下げしなくてはなりません。でも買いますと、それをしっかり抱えて一目散にわが家へ向かいます。駄菓子屋こそは、子供が経済生活をまなぶ第一歩、入門口でありました。

しかし駄菓子屋の商いは基本的には一銭均一でした。写真メンは一枚一銭。丸メンは木綿糸で何枚かくくられて一銭。ベーゴマ一ヶ一銭、アテムキ一回一銭（当たりによっていろいろもらえる）。アンコ玉一ヶ一銭（なかから当たりが出ればもう一ヶ）。センベは二枚一銭ぐらいの粗悪品がうまかった。凧は一銭凧がよく揚がりました。トリモチは箸の端に小指の先ほどのものをつけてもらって一銭。

ハイ、次回はトリモチのお話を……。

［一九八八年］

打ち水——またひとつ人間の退化

いまや歳時記は〝懐しの暮らし大全集〟である。「打ち水」を探そうとして、ペラペラと夏の部の頁をめくったら、吊忍《つりしのぶ》、へちま棚、走馬燈《そうまとう》、日傘、涼み台、行水、蚊帳《かや》、籠枕《かごまくら》……もうすっかり見かけなくなったものばかり並んでいた。下手に洒落れば、〝ない事記《じ》〟だ。

打ち水またしかりで、「夏の夕方、日中の日焼けの熱をさまし、乾いた地面の埃をふせぐ打水は涼味を呼ぶ」と書いてあるが、当節、店の前の道路に水を打つ商家など、とんとお目にかからず、しもたやならばなおのこと、下手に水を撒こうものなら、あれ、あの家は水商売の出かしらと陰口たたかれるか、節水の時期に以ての外！　と叱られかねない。

私の育った町は、東京も場末だったが、さほど埃っぽい町並みでもなかったのに、夕立ちでも来ない限り、日暮れが近づけばきっとおやじの声が「水を撒け、お隣りのぶんもな」であった。

水撒きも慣れてくると、水をすくう手さばきに合わせて、片手のバケツを徐々に傾け、最後にさァーッと一ふり、底の水を広く散らすというようなコツを会得出来る。いや、それくらいは誰でもやれたことで、あの頃は、拭き掃き炊事洗濯……日常の身辺雑事を、手早くリズミカルにやってのける暮らしの職人ぞろいだった。

明治生まれの私の母はまだ健在で、実にこまめに身体を動かすが、これがなんとひまさえあれば水を打つ。冬でも打つ。母にとって打ち水は運動がわりなのだろう。おかげでわが家の庭は苔だらけだ。夏ともなれば打ち水の回数もふえて、庭は乾くいとまもない。

「水を打てば涼しくなる」母はそう信じている。歳時記にも「日中の日焼けの熱をさまし……涼味を呼ぶ」とある。
むかしは「涼味」一点張りであった。青すだれ、夏のれん、箱庭の噴水、金魚鉢、風鈴、梅酒、葛桜……清涼の趣を目でとらえ、耳できき、舌で感ずる工夫のかずかず。
「まァ涼しそうだこと」
涼しそうなことで充分に涼しくなり満足だった。
私ども俳優は芝居をやると汗が出る。例えば夏のさなかに冬の場面。ぶ厚い衣裳を着込んでライトを浴びて、しかも激しく身体を動かす。汗がダラダラ流れるのだが、これが、舞台稽古を終え、初日が過ぎ、一週間も舞台を重ねると、妙なことに汗の量が確実に減ってくる。その芝居になれて、不安感や緊張がとれると、自然と汗をかかなくなる。
心の在りよう、気の持ちようで、人間、暑くも寒くもなる。だから、目からでも、耳からでも、口からでも、涼味を感ずれば涼しくなれる。いや、少なくともついこの間まで、そういう能力を、私たちは持っていたようだ。

「心頭滅却すれば火もまた涼し」
この言葉、戦争中乱用されたのに懲《こ》りて、すっかりオクラ入りになった。精神主義が度はずれると危険である。実際エライ目にあった。エライ目にあいすぎて、心の持ちように頼るのを止めたきらいがある。
当今の冷房というヤツ、つまりは家をしめ切ってただヤミクモに温度を下げ、部屋全体を冷蔵庫にする。涼味どころか冷味だ。あれはじかに肌を冷やして暑さから逃れようとする。
百歩ゆずって、ただ涼しくなりさえすればいいとするか。しかしそれは、人間の肌だけが冷えを感じて、目、耳、口の、涼をとる感覚を衰えさせてしまったのである。結局、人間の能力を、またひとつ退化させることになった。これは由々しいことだ。
打ち水の涼味は、身体を冷やさずに、実は確実に涼しくさせていたのだから。

大暑来てむしろ居ずまい正しけり

［一九八〇年］

井戸

井戸が好きです。まだ、たまに、裏町で見かけます。路地の奥の、共同で使っていたらしい井戸なんぞを見つけるとウレシイですね。ポンプ井戸だとこいでみたくなります。壊れていても、こぐまねだけして満足してます。ポンプなしの、蓋《ふた》のしてある井戸だと、どうしても中を覗《のぞ》きたくなります。井戸の中の暗さ、不気味さには、得体のしれない物語が潜んでいるようで引きこまれます。旅先で、誰それの「首洗い井戸」「産湯の井戸」なんてのがあると、必ず訪れます。

先日、旧日本兵の遺骨収集で、遺族がミャンマーの僻村の井戸の中を探索しているテレビを見ましたが、日本兵の屍体が投げ込まれたという噂をたよりに水をかい出したところ、鉄砲の薬莢《やっきょう》一コ出てきただけで遺骨は見つからず、作業困難のため途中で打ち切りになっていました。遺族の方にしてみれば諦めきれないでしょう。ミャンマーにはまだ十六万人もの遺骨が眠っているんですって。戦後は終っちゃいませんや。

ところで、子供の頃わが家は写真屋で、大量の水を使いましたから、水道断水に備えて庭に井戸があり、普段も使っていました。

ポンプなしの井戸で、長い竹竿の先にバケツをくりつけて汲みあげ、掃除、洗濯、水撒きなどに使い、夏にはビール、サイダーを籠に入れて紐で吊して中で冷やす。西瓜を冷やしていて紐がほどけた時などは、取り上げるのに、近所から大勢おとなが集って大騒ぎしたりしてました。

しかし、私ひとりが、泣きわめくの大騒ぎをしたこともあります。

当時の男の子は、メンコとベーゴマに熱中したもので、私は何千枚という相撲の写真メンと、絶対強い無敵のベーゴマとを、きちんと箱に納め、毎日、出したり入れたりして楽しんでおりました。
ある時、父親が、遊んでばかりいないで勉強しろ、と癇癪《かんしやく》を起こし、その箱を庭に叩きつけたのです。メンコはバラバラに散りましたが、とくべつ大事に信玄袋に入れておいた強いベーゴマ――ダイモク（大型のベーゴマ）をケットン（コマの尻《ケツ》を研《と》いでトンガラシタもの）にしたのが二十箇ばかり、これが運悪く、蓋を開けっぱなしにしてあった井戸の中へ、袋ごとボチャーンでありますよ。
私は半狂乱になりましたが、どうすることも叶わず、以来六十年近くの歳月が過ぎました。もちろんその間、わが家は戦災にあい、その土地を離れ、いまそこには他人さまの家が建っております。しかし、あの他人の家をどかして掘れば、きっと私の宝は出てくるに違いありません。もしそこの家が建て替えでもすれば、その時がチャンス。願い出てぜひ掘らせて頂きたいのです。
ケットンにするには、毎日、改正道路のセメントの上を行ったり来たり。竹の棒の先にベーゴマをはさんで、駈けて、こすって、入念にとがらせました。あのベーゴマは、私の少年時代の汗の結晶です。あんなに一所懸命やったことは、その後、ない！
あの家、解体しないかなァ。

［一九九五年］

都電追憶

右頁・上／都電荒川線飛鳥山近辺［東京］

左／都電荒川線王子駅　右／都電荒川線［ともに東京］

7509
27

都電荒川線終点三ノ輪橋駅［東京］

上３点／都電荒川線終点三ノ輪橋駅にて［東京］

都電えれじい（抄）

そもそも私、この都電ってやつが滅法《めっぽう》好きときている。この正月にテレビで美濃部さんと一緒になった時も、「是非、都電を残して下さい！」ってお願いしたくらい。――単なる懐古趣味じゃない。勿論なつかしさもあるけど、それだけじゃない。新幹線ってものは、人間が作れるかもしれないが、敢えてその力をためておいて、作っちゃいけないもんじゃないか。せいぜいこの都電ぐらいが人間の持つ機械車の最高峰であるというぐらいに、人類は便利文明を発達させる力をためていた方がいいんじゃないか。機械と人間のほどよき調和の象徴として、われわれの輝ける文明として都電ってものを残しておくべきなんじゃないか……。

美濃部さんはその時「残します」と約束して、「都電をやめたことは失敗だった。私のミスだった」って言った。この「ミスだった」っていうのが、私にはジーンときたね。私は素直にゴメンナサイを言う人が好き。テレビの前でこういうことの言えるのは、素晴らしい人だと、それまであんまり思ってなかったけど、その瞬間から思い出した。

ほら、ごらんなさいよ。都電は乗る人がくるのを待っているでしょう。それからおじいさんが降りる時なんかそのようにドアをあけて、降りるまでみとどけて、絶対あぶなくないってところでドアがしまるとか、トントンとたたくとまたドアがあく。そういう人間の心が通っている乗り物がもう他にありますか。やっぱり機械っていうのは人間が使うものでしょ。そういう痕跡が残っているのがいいんだよなぁ。

中学生の時分は、電車も旧式で、運転手が右手を大きくぶんまわして、ブレーキをかけるやつ。ダッタン、ダッタンって走るんで、みんなダッタン電車なんて呼んでた。ドアなんて洒落たものはなくて、入り口に鎖がついてるだけでね。鈴なり電車の入り口で、東洋英和や、東京女学館の女学生を落ちないように強く外からかき抱いてやったこともあったっけ。アッ、これカンケイないかな。

「チンチン。荒川車庫前ッ」

小沢 ここで働いていらっしゃる方は。

主任 運転手、車掌あわせて今、二一〇名です。その内半分が他所の営業所が廃止になって希望して来た人です。他に軌道、整備あわせて三五〇名ほどになります。

小沢 （昭和）五十一年度に廃止の件は……。

主任 ウーン。今、一番不安ですね。美濃部さんが残すとおっしゃっても、都民の足を確保するというだけでは……。予算的な裏づけなど議会の中ではかっていかないと。

運転手 今、五十歳以上の人が四、五十人いるわけで、毎月停年のお別れ会がある状態です。せっかく、電車があっても動かないんじゃないかと……。

車掌 ワンマンカーになっちゃう。

小沢 ワンマンカーは侘しいやね。

主任 残しておくにしても、この先十年、二十年ということになれば、電車も買ってもらわなきゃならないし、建物も、軌道も、架線もと大変な経費がかかる。

小沢 続くんだという裏づけを態度で示してくれなきゃ不安で仕方がないと。

一同 ええ、そうなんです。

小沢 そうすると、例えば今、こうやって都電が一本になると、珍しい、珍しいって、私みたいのが毎日きて、トデーン、トデーンっていって帰っていく。昔はへもひっかけなかったのに、こういう状態になって、なにをいまさら、それならそれで、もっと早いうちに都電というものに光をあてたら、どんなもんだろう。なくなりそうになってからガーガー騒ぎ出して、なんだ！　と、こうおっしゃりたいお気持ちなんじゃないですか。

主任 そう、おっしゃりたいね（笑い）。

小沢 お二人はもう何年から。

運転手 昭和二十四年からです。

車掌　二十六年です。
小沢　そうすると、両方とも、二十五、六年選手ということですね。長い間にはずいぶん御苦労があったでしょうね。
運転手　ええ、終戦直後ですから、電車の部品が悪くて、頭から火吹いて止まっちゃったりすることがたびたびでした。
車掌　お客さんが「車掌さん、この電車分解しませんか」なんて（笑い）。
運転手　それと困ったことはね、田舎からしょって売りにくるおばさんにたまたま親切にしたら、気に入られちゃって、「オラッチの娘をもらってくれ、オレに似てきれいな娘だから」なんてね（笑い）。
小沢　「オレに似て」っていうのがショックだったかな（笑い）。
主任　乗務員さんには色んなロマンスがありますよ。女学生が待っていたりね。
小沢　そうすると乗客と車掌さんが結ばれたということも。
主任　ありますよ、多いです。
小沢　結構ですね。苦あれば楽あり。今〝わりびき〟っていうのは。
主任　ええ、早朝割引きの走りですね。今でも五時半から六時半の一時間です。
運転手　時間をちょっと過ぎても、帰りの電車賃がないと、売ってあげますよ。本当はいけないんだけど。
小沢　そこは臨機応変でね。そういう人の心の上《うわ》のせの出来る余白が残っているのが都電のいいところだ。暖かさが都電の命だものね。

「三ノ輪橋ッ。終点でございます」
ここは、荷風特選のお寺。〝生きては苦界、死んで三ノ輪の浄閑寺〟という。生きてる時は吉原の女郎は苦界だけど、死んであの寺へ投げこまれると閑《しず》かに浄らかに暮らせるっていう皮肉な川柳だ。本堂の裏、吉原慰霊塔のあたりはいつもジメジメして苔むしてるカンジ。私、このジメジメしたって感じが無性に好きなんだな。
大体昔から芸人っていうのは、こういう湿りっ気のある所で育っている。今のゲイノウ人は高台なんかに住んでやがるけど、ありゃ間違っている。芸人は掘ればジクジクすぐ水の出てくるようなところで生活するもんだ。私も死んだらジメジメして花さしからヤブ蚊が二匹ぐらいブーンと飛びだしてくるような所に埋めてもらうつもり。

三ノ輪からテクテク歩いて、この辺の横丁へ紛れこむのもいい。おやじがいばって店の味を誇示してるような老舗じゃない、味のガイドブックなんか片手の客がくるようなところじゃない。名もないソバ屋があるんだ。それでいてソバは抜群に旨い。

そんなとこへ飛びこんでから、吉原へ裏から入っていった。女郎屋の裏っていうのも、やっぱりジメジメしてて泣けるんだな。裏口専門の女が一人か二人いる。なんか元気のない、体中に毒のまわったような顔した女がね。戸を半分くらいあけて、蚊のなくような声で「お兄さん、お兄さん」ってささやく。そういうのを順にひやかして、「何ダョッ」って言いながら寄ったりする、ああゆうあそびはこたえられねェ。

あの都電に乗っていると、青春がよみがえる。不思議なもんだな、あんなボロ電車でも。元気が出て来て、これから吉原のトルコで一ちょぶちかましてやろうかって気になってくる。まあ、あのオリンピックの時の型だとあんまり愛着がわかないけど、乗って、チンチンって音きくと、ボディの型なんか忘れちゃう。どうもオリンピックの時から都電的な暖かみが日本中の生活のなかから消えちまったみたいだ。

でも、乗客はいいね。今でもこの荒川から隅田川にかけて、芸人さんが多く住んでいる。特に寄席関係のね。それで、都電に乗ってきてなんとなく坐っている老人が、みんなちょっと芸人のように見える。芸人でないまでも職人ということには違いない。昔、きっと車引いていたのかもしれない。飾り職とか、下駄の歯入れとか。そんな感じなんだな。おばあさんというのは、皆、そのつれあいで、家で内職しながら、一本つけてトウチャンの帰りを待っている。東京の中で真の庶民というのが住んでいるのはこの沿線だけじゃないだろうか。本当の庶民というか、庶民の元締めという人が住んでいる。この線は乗ってるだけで本当に気が休まるんだ。

国電なんかより狭いからかしら、前に坐っている人が近いんだね。乗ってるもの同士の連帯感っていうと大げさだけれども、なんか融和した感じがある。役者っていうのは人の群れをお客様として見る。そうすると、やっぱり三ノ輪線の乗客を喜ばせる、乗客をなっとくさせる、乗客がホロッとくるって芝居をやらなきゃいけないじゃないかってしみじみ感じるね。

それに、女がみんなイイ女だね、この都電に乗るのは。私、女にね、させてやるって女としてもらうって女の二通りがあるような気がする。昨今、させてやるって女ばかりで私しゃ慨嘆してたけど、今日はよかった、皆、してもらうって感じで、女学生もイイ。ロングのスカートで、胸なんか三角でひろめにあいていて、ほのグレてるって感じ。しかも家にかえると、パッとセーラー服着替えて台所なんかでサッサッとかたづけものしちゃう。そんな生活のスポーティさが身についている娘。

で、奥さん連もまたいいんだな。ちょっぴり哀しさがあってね。家に帰ってもイバってなんかいないでやるだけのことはキチッとやる。つり皮みたらね、小指のところにシモヤケなんかあるんだ。嬉しいねえ。近頃、女のヒビワレだとかシモヤケなんてなくなってきやがったから、クヤシクッてしょうがなかった。私、あれに泣いてたんだ、あのいじらしさに。今日は、ちょっといいつり皮が二、三本あったけど、ポーッとして写真うつすの忘れちゃった。

都電の車掌っていうのは、昔から、面白いおじさんがいる。一味ちがうっていうのがね。どういうわけか、庶民と体をすりあわせるようにしていてちょっと傍観者。それで、わりとシニカルな眼で、世のなかを見てるんだ。あの商売も芸人と同じで、年とらないと味が出てこないんだろうな。「ミノワー」っていうのが、少しドスがきいて、しゃがれていないと三ノ輪についた気がしないんだ。若造に「ミノワー」なんて高い声で言われてもダメなんだな。「ミノワー、終点です」

最後に一句。

都電待つ俺一人の空雁わたる

［一九七四年］

都会変貌

上野広小路［東京］

右頁／撮影地不明　上／湯島［東京］

左／仙台　右／仙台［宮城 ともに 1974年］
左頁／新宿ゴールデン街［東京］

新宿ゴールデン街
Bar
エリカ
エリカ
BAR
ロシヤ風居酒屋
ちゃん
BAR
サントリーバー

梢
水穂
BAR
BAR

右頁／新宿ゴールデン街
左／浅草の洋品店にて
右／浅草の本屋の雑誌棚［いずれも東京］

左／大阪　右／明治神宮前［東京］
左頁／代々木の祭礼での傷痍軍人［東京］

台湾 高雄
海軍航空隊

服の浅野

右頁／浅草の托鉢僧　左／浅草の浮浪者［ともに東京］　右／天神の浮浪者［福岡］

上／小田急線沿線　左頁／東日暮里［ともに東京］

中野自動車
日産プリンス
むつみや

上・下／撮影地不明

撮影地不明

右頁・上／六本木［東京］

日本武道館でのザ・タイガース新曲発表会の客席［東京 1968年］

テレビの公開収録の模様を見る人々

浅草寺の豆まきを待つ人々［東京］

護摩木·線香

右頁／浅草寺の大香炉　上／ほおづき市の境内

月吉日

節分会の浅草寺本堂［1972年］

三之宮

右頁２点・上／三社祭の浅草寺界隈［1972年］

浅草寺境内にて

浅草寺境内にて

左・右／浅草神社横にある被官稲荷神社。著者は長年ここを拝んでいた［1971年］

上／六区の映画館街のポスター　左頁／六区の角から花やしきを望む

FIRE HYDRANT
消火栓
馬
ホーズ・ニュース
札幌ラーメン
花やしき通
喜久屋

六区のストリップ劇場・フランス座の前に佇む、出演者の浅草待子さん

上／浅草木馬館は、安来節の殿堂だった　下／一階は浪曲定席木馬亭

仲町
宮崎
美家古
早川
千加坊
加藤武

林家

左／はなし塚のある本法寺の塀
右上／撮影場所不明　右下／稲荷町の、八代目林家正蔵宅玄関

上／仁丹塔
左頁／三ノ輪の浄閑寺、別名「投げ込み寺」にある新吉原総霊塔

新吉原総霊塔

元禄
高級
和風
卍
尼寺
高級
トルコ
吾妻
とるこ
元禄
営業中
鹿鳴館

右頁／吉原の、旧・仲ノ町の通り　上左／吉原で見かけた看板
上右／土手（日本堤）の桜鍋屋・中江　下左・下右／なにやら陰気漂う吉原弁天

橋場にある妙亀塚。梅若伝説は、謡曲「隅田川」で有名

向島百花園

上・左頁／向島料亭街

仲芳

右頁／山谷堀
上／北十間川が隅田川に合流するところにかかる枕橋

浅草と私との間には……

浅草生まれでも浅草育ちでもない私は、浅草にとって、いわばヨソモノである。

私は東京も場末の写真屋の小《こ》倅《せがれ》で、代田橋、日暮里、高円寺、蒲田、池袋など、東京旧市内の外側の、当時の新開地ばかりをへめぐって育ってきた。親に連れられて何度か浅草へ遊びにきてはいるが、記憶はぼんやりしている。

私が浅草にあこがれ、通いはじめたのは戦後である。つまり私が色気づいてからだ。やがて私の未熟だった精神は、浅草のストリップと吉原や鳩の街や玉の井によって育まれ、青春時代の人間形成が果たされた、と冗談でなく本当に私はそう思っている。だから、私の「心のふるさと」は浅草である。

今でも浅草の街へまぎれこむと、私の心はじんわりと休まるので、少しでもひまがあると、私は渋谷も新宿も、六本木・赤坂も、銀座も通り越して浅草へとんで来てしまう。〝色〟のほうは、浅草も私もだいぶ衰えたが、浅草には、うまいものを安く食べさせる店が多いし、散歩していても、私好みの観るもの買うものに不自由しない。浅草寺《せんそうじ》界隈だけでなく、足をのばして言問《こととい》橋の方まで、あるいは三ノ輪まで、または川を渡って向島、そして帰りがてらに上野までか、浅草橋まで、寺町を歩いて墓を見るのも、若い時からの私の楽しみだった。永井荷風の『日和下駄』の感化も大いにある。

浅草には川がある。

東京にも昔は川が縦横に流れていたが、バカが寄ってたかって埋めつくし、みんな道路にしてしまった。日本中で東京だけだろう川を失ってしまった町は。

人間がかつて川のほとりに住みついたのは、生活上の便宜だけではなかったろう。人間の心が、本来、川を求めているに違いあるまい。人と川を結びつける宗教的な習俗も多いが、「行く河の流れは絶えずして、しかも元の水にあらず……世の中にある人と栖《すみか》とまたかくの如し」と、われわれは川に心を反映させ、〽水の流れを見て……暮してきたのである。

川を渡る風は、また四季の訪れを街へ伝えてきた。夏は冷房、冬は暖房完備の現代都会生活のなかで、浅草には四季折々の風が通りぬけ、初詣からお酉《とり》さままで、季節のうつろいをこの街で感じとることが出来る。

浅草の路地、横丁には、まだ人間のぬくもりが漂う。夕暮れ、浅草の街から隅田川沿いに行った橋場あたりの、とある横丁を歩いていたら、小学校五、六年の子供たちが、路地いっぱいにころげまわって遊んでいた。近頃、子供が泥だらけになって日暮れまで遊んでいるという光景も珍らしかったが、そのうち、一軒の家の台所とおぼしき窓から「○夫ッ、ゴハンだよオー」の声がきこえてきた。ただそれだけのシーンに、私は一瞬キューンと胸がしめつけられた。私たちの、かつての町の暮らしの一コマがそこに残っていたことへの郷愁……というより、それは感動であった。

浅草の空は広い。

歩いて行く目の高さのすぐ上から空がある。もう浅草にこれ以上ビルが建ってほしくない。銀座風、新宿風の街にだけはなって下さいますな。もっと言わせてもらえるなら、浅草は町全体で〝生きている明治村〟になってほしい。町民こぞって木造家屋に和服で暮らす……なんていうことをやってもらいたい。ヨソモノが勝手なことを！　というのなら、不肖私、浅草に移り住んで〝浅草明治村〟の妓楼で、「チョイト様子のいい旦那、お話だけ！」ってな仕事をやらせていただきたい。

浅草の人々は美しく住んでいる。

ついこの間の朝、観音さま近くの横丁へ入って行ったら、どの家の前も道がきれいに掃かれ水がまかれてあった。ちかごろ、そういうスガスガしい家並をあまり見なくなっていたので、すっかりウレシクなった。私も子供の時分、よくおやじから、表を掃除しろ、お隣りのぶんもやっとけ、などと言われたものだが、一時代前までは、自分の家の前の路を清掃するのは、町中に住む者のごく自然な暮らしの習慣であった。

そういう家並の、入口のあたりや窓の外、あるいは屋根の上には、鉢植えが並んでいる。庭をとりにくい下町では路が庭なのであろう。みんな緑を大切にし、いつくしんでいる。またその緑は木造家屋の板目とよく似合う。戸口の柱や桟《さん》は水でよくふき込まれてあって、木目がくっきりと美しい。あの美しさは、消費文化とは正反対の、物を大切にする美しさだ。

新宿などは横丁が汚い。とくに朝はゴミの山だ。盛り場の一軒一軒に主人も使用人も住んでいないのだから朝は無人の死の街だ。しかし、浅草でも〝オヤジ〟の通ってくる店が、いまや少しずつ増えているという。世の中なにもかもサラリーマン風、ホワイトカラー一色に画一化され、商人は商人の、職人は職人の暮らし方を、独特の美感覚で支えながら守って行こうという時代ではなくなったようである。

しかし、便利一辺倒の文明が、人間の暮らしをかえって貧しいものにしてしまったことにみんなが気がつきはじめた。私は、チンチン電車どまりの便利さの方が、文明と人間生活との調和が程よくとれていて、人の心は快適なのだと信じこんでいる。はやいはなし、新幹線も電気洗濯機もテレビも要らないのではないか。……となると、せめて上野から雷門まで、あの都電は残しておくべきだった。

江戸時代から明治へかけて、猿若町や吉原が江戸文化の中心であったように、そして大正から昭和にかけて、オペラやレビューのモダン浅草が、ちょうど今の新宿、渋谷のごとく文化の先端を走っていたように、さらに戦後のストリップが、新時代の解放の文字どおり象徴であったように、いま浅草は、浅草に残る古風な暮らし、心意気を、むしろ新しい世紀の新しい生き方と考え、便利文明打倒の拠点となって時代の先取りをしなければならぬ。

……と妙にリキんで演説調になって来たところで、ここでハタと筆が止まる。

ひょっとすると——

かんじんの浅草が、そんなことを望んでいないのではないか。

浅草は、時代の変革をリードする役割を、もう終えたと思っているのではないか。

だいいち、もともと「変革」なんて、お気に召さないのではないか。

何年か前の参議院選挙の時、立候補者野坂昭如の選挙カーに乗って、私は応援の叫び声をあげながら新宿、渋谷方面より浅草へ入って行った。高速道路を出て橋を渡ったとたん、全く別の国へでも来たかのように、町の人々の反応は冷淡になり、冷淡どころか、野坂の名前すら知らないような手ごたえのなさに、私はガクゼンとした。そして、その反応どおりに、野坂は下町の固定票を切りくずせなかった。

いえ、野坂に票を入れないようでは困ると言いたいわけではない。私の支持した、その考え方に大いに共鳴した候補者が、これまた私の尊敬おくあたわざる浅草から、総スカンに等しい仕打ちをうけたことが、私としては、ユユシキ大問題として引っかかり、それが今でもそのままになっている。

野坂の歌ではないが、私と浅草の間には、「深くて暗い河がある」のであろうか。

やっぱり、私はヨソモノなのであろうか。

でも、それでも——

私は浅草が好きだ。「深くて暗い河」を「エンヤコラ今夜も舟を漕いで」、私は浅草へ行く。「ローアンドロー」である。

隅田川をはさんだ対岸、向島の川っぺりの寺が気に入って、私はそこに自分の墓を立て、永遠の棲《すみか》ときめた。私の墓から私のヒトダマがピョンとはねれば、浅草の灯が見えるようにである。私は、だから永久に浅草のそばにいる。

川ひとつへだてたところが、ミソなのかもしれない。

［一九七八年］

東京・旧赤線めぐり 続

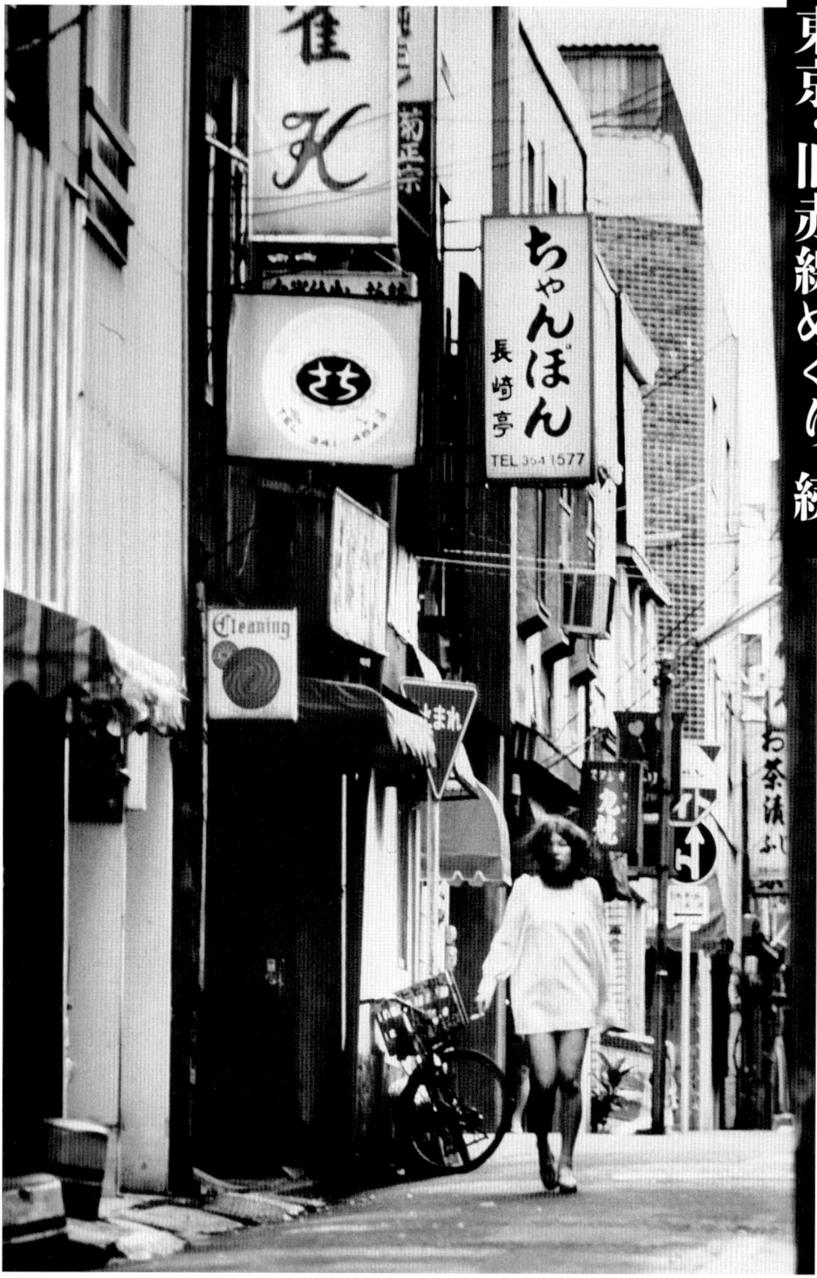

上・左頁／新宿二丁目［1972年］

非常ベル

品川［1972年］

上２点・左頁／品川［1972年］

千住［1972年］

吉原、戦災でも焼け残った八号館。アパートになっていた［1972年］

上左・上右／玉の井　下左／洲崎　下右／小岩［いずれも 1972年］

鳩の街［1972年］

左／亀有　右／立石［ともに1972年］

武蔵新田［1972年］

日本遊廓建築残骸大全

各項目とも、きっとご専門のかたがたがのアンケートがいっぱい集まると思いますので、私は「その他」の欄をおかりして、ひとこと申し上げます。

いつも、日本列島をあちこちと飛び歩いていて、感ずるのですが、日本全国各地にある旧遊廓の、由緒あり、建築物としてもおもしろい、お女郎屋さんの建物が、ここ十年ばかりの間に、あっというまにこわされてしまいました。もったいない、残念至極のことであります。明治村にも、監獄はあっても、お女郎屋はありません。どちら様も、旧遊廓建造物に冷たいのでありますが（京都島原のみ、あまりの古さに残されているのか）、私の「残したい日本」の最たるものは、お女郎屋さんでありまして、いえ、その建物でありまして、庶民文化の華《はな》でありますヨ。だいいち、いま、その廃屋を見てもいろいろ、部分部分がオモシロイのです。今からでもおそくない、せめて、とりあえず、『芸術新潮』増刊号〝日本遊廓建築残骸大全〟を！

それに、もうひとことつけ加えれば、昭和の建築物だということで軽んじるのですね。昭和も遠くなりにけりですが、なくなった人形町の末広もそうでした。昭和生まれだが、人形町末広が唯一、江戸から明治へかけて盛んだった寄席という空間を、木造建築物として残していたのです。あれをとりこわす時、関係各方面へ移築するよう働きかけましたが、ムダな努力におわりました。

もう昭和のものを残さなければなりません。

［一九八七年］

色街慕情

吉原

吉原は正確には「新吉原」です。いまの日本橋人形町の辺に元の吉原があり、明暦の大火（一六五七年）以後、この地へ移りました。ですから人形町の裏には現在も「大門通り」の名が残っています。

芝居町と並んで江戸文化の華といわれた吉原も、いまでは、その町名も千束四丁目ですが、吉原の守り神だった九郎助稲荷と廓の四隅にあったお稲荷さんが合祀《ごうし》されて吉原神社となり、いまも大門口からメインストリートを抜けた先に鎮座しておりまして、吉原の名は、この神社とその先にある吉原電話局ぐらい、あと、もうひとつ、その電話局の先に吉原弁財天がありますか。

ここの入り口の左右の柱には、「春夢《しゅんむ》正《まさに》濃《こまやかなり》満街《まんがいの》桜雲《おううん》」「秋信《しゅうしん》先《まず》通《つうず》両行《りょうこうの》燈影《とうえい》」と彫られてあり、これは明治の吉原の大門の柱に書かれてあった福地桜痴《ふくちおうち》の漢詩を写して残したものです。ここの敷地内には、吉原にまつわるさまざまな碑やら、震災、戦災時の娼妓の焼死者供養塔やら立っておりまして、まわりを囲む石垣には、往年の吉原幇間連《たいこもち》の名が刻まれてあります。

昔の吉原を偲ぶものはそれくらいで、なにしろ戦災でも吉原はそっくり焦土と化したのですが、わずかに戦前の妓楼で唯一、焼けビルながら残った「八号館」なる建物が、いまはキレイになっています。

戦後の遊廓は「赤線」（警察が地図の上に遊廓を赤い線で囲っていたとか）または「特飲街」（特殊飲食店街の略）などと呼ばれましたが、私は、毎晩のようにこの町を徘徊しました。貧乏学生ですから、帰りの電車賃ぐらいしか持たず、登楼はなかなか叶いませんでしたが、裏通りの小店《こだな》なんぞをヒヤカシて店先でイチャツキ、半ば目的？　を果たしたりしておりました。学生服がまだモテた時代です。

売春防止法施行後はいつの間にか一大ソープ街となり、江戸の昔の「闇の夜は吉原ばかり月夜哉」（其角）よりも、一層〝月夜〟です。

千住

戦後の東京都区内の赤線は、吉原、新宿、品川、千住、板橋、洲崎、亀有、亀戸、小岩、新小岩（東京パレス）、玉の井、鳩の街、立石、武蔵新田《むさしにった》などで、加えて高田馬場、池上にも開業の準備が進み、各店の土地の区割りまでができた頃、地域の反対で建設中止となりました。

千住遊廓は、品川（東海道）、新宿（甲州街道）、板橋（中山道）と共に、元は街道筋の宿場の飯盛女《めしもり》が濫觴《らんしょう》です。千住は奥州街道の江戸を出て最初の宿場。芭蕉の『奥の細道』の発端でもあります。

〽千住大橋渡ればコツよ……なんて歌われていたようですが、このあたり、もともと小塚原なる地名があり、そこから千住、または千住の遊廓を、通称「コツ」といったのです。またこの地には、江戸幕府の刑場やら焼場やらがあったので、「コツ」は骨《こつ》にも通じたのでしょう。「今戸の狐」なんて落語は、その「コツ」を知らないと、落《さげ》がわかりません。「朝帰り灰寄せなどとすれ違い」（灰寄せ＝骨上げ）の川柳も残っています。

赤線廃止から十数年後、私は前記の遊廓跡をすべて廻り、写真をとりました（『珍奇絶倫小沢大写真館』・昭和四十九年・話の特集、のちちくま文庫）。千住のかつて大店《おおだな》だった建物は、アパートになっていましたが、古風で立派な門構えは昔のまま、広い中庭にお稲荷さんの祠《ほこら》も残っていて往時の繁栄を偲ぶに十分でした。

その戦後の赤線としての千住は、吉原よりもお値段が安く、ここまで足を延ばしてくる客も（私も）多かったのですが、マワシが多かったのです。マワシなんて、お若い方は落語通でもなければご存知ないでしょうが、一人の娼妓が二人以上の客をとって、順に部屋を廻ってコナスという、客としてはオコッたりカナシンだりしたものでしたが、その待っている間が、何ともいえずいい気分なんだと通ぶっている金のない客も

（私も）おりました。

洲崎

『全国遊廓案内』という関東篇、関西篇二冊のハンドブックが昭和五年に出ておりまして、いまや珍本となっています。昭和五年は、私、まだ赤ん坊で、とても洲崎へ参上するというわけにはいかなかったのですが、この本によると、ここの遊廓が、吉原なみに、引手《ひきて》茶屋もあり、娼妓約二千五百人、芸妓も八十名ほどいると記されてありますから、堂々たる？　遊廓であったと知ることができます。

この地はかつて東京湾を埋め立てたところで、そこへ明治二年、本郷の根津にあった遊廓が移転してきたのです。本郷の大学の学生があまりにも出入りするので移されたのだという俗説もありますが、根津のお女郎さんを正妻に迎えた学者先生もおいでだったようです。

芝木好子原作の小説『洲崎パラダイス』が川島雄三監督で映画化されまして題名は『洲崎パラダイス　赤信号』（昭和三十一年）。川島作品中の傑作といわれております。私も洲崎界隈のそば屋の出前持ちで出演しておりまして、出前のそばを肩にのせ、自転車で運びながら、この映画の隠れた?主題歌ワンコーラスを、アタマから四回に分けて四シーンで歌わされました。

〽濡れたネオンにまた身を灼いて
　明日は泣かない女になると
　笑って言えば嘘になる
　いつか嘆きの洲崎橋

ロケ通いで洲崎の町ともナジみましたが、戦後の特飲街としての洲崎もなかなか賑やかで、都電を洲崎終点で降りて少し行くと洲崎橋。渡ったところが大門でした。この都電の反対の終点が早稲田で、私の友人で、洲崎の海っぺりの、波音の聞こえる一室に居続けて早大へ通っていたというバカが……いえ、金持ちの息子がいたものです。

ここは廓内の道路の幅が広く、何だかサバサバしていて私の趣味に合わず、しばしば通うということはありませんでした。バカにはちょっと羨ましかったのですが……。

玉の井

玉の井へは、永井荷風の名作『濹東綺譚《ぼくとうきだん》』の強い影響をうけて、もちろん戦後ですが、よく通いました。『濹東綺譚』（昭和十二年・東京・大阪『朝日新聞』夕刊に連載）は、作者が玉の井の娼婦お雪に通いつめ、彼女の心が自分に本気に向かってきたと知って別れるという小説ですが、その作品の、随筆的で冷たい肌ざわりに、私はつよくひかれたものです。

しかし、浅草から東武電車の切符を「玉の井一枚」と買う時、駅員が窓の奥で「こいつ女郎買いに行くのか」とジロリと睨んでいる……ような気がいつもしたもので、あれは少々ナサケナク、そんなことでは荷風先生の足許にも及ばないのでした。いま玉の井駅は「東向島」と改称されています。

私娼窟といわれた玉の井は、大正の半ば、浅草寺裏の道路整備のため、そこの銘酒屋が五、六軒移転してきたのが始まりだと『玉の井挽歌』（大林清・昭和五十八年・青蛙房）や『玉の井という街があった』（前田豊・昭和六十一年・立風書房）に詳しいのですが、その後、関東大震災で焼け出された「浅草十二階」（凌雲閣）下の銘酒屋が大挙、向島の寺島町界隈へ移ってきたのです。

その戦前の玉の井は、暗い路地がくねくねと迷路のようになっていて、でも、そういう町のドブの汚さとか蚊の群れとかを、むしろ妙味とする陋巷《ろうこう》好みの人種によろこばれたようです。

昭和二十年三月十日の大空襲で、玉の井の町は全焼したのですが、戦災後、業者はその玉の井に隣接した焼け残りの地域に移って、こんどはカフェー風の店構えで、七、八十軒営業をはじめました。その新しい玉の井も、やはりクネクネとドブ板を渡る暗い路地続きで、旧玉の井名物だった路地の入り口の「抜けられます」の看板も復活していて、私など、十分、荷風の世界を満喫できたものです。

どうみてもオバサンが、セーラー服を着て縦長の細い窓から「お兄さん、お話だけ」と呼びかける店もありまして、あれ、今日のフーゾクのコスプレのはしりでしたなぁ。

鳩の街

『濹東綺譚』の舞台となった玉の井が戦災で全滅しても、やがて新興の玉の井が繁昌したことは述べましたが、玉の井の業者はまた、旧玉の井の南一キロほどの地にも進出しました。この一画が焼け残った上に疎開による空家が多かったからだと、前掲『玉の井という街があった』に記されてありまして、これが後に「鳩の街」と称されるようになった特飲街誕生のいきさつです。

鳩の街では、元気一杯の二十代の従業婦が多く、服装も髪型も戦後風で人気を呼びました。

吉行淳之介さんもここを題材に小説『原色の街』などを書きましたし、荷風センセイはまたここへも通って、昭和二十四年、『春情鳩の街』という芝居を書いて、これは浅草の大都劇場で上演され、さらに翌年、やはり鳩の街ものがたりの『渡鳥いつかへる』は、浅草ロック座で上演されて大当たりでした。私も観に行きましたが、これが大文豪の作品かと疑ったほどのアチャラカ芝居になっていました。『渡鳥いつかへる』は後に映画にもなり（久松静児監督・昭和三十年）、森繁久彌名演の店のオヤジが、抱えのコにチョッカイを出すシーンなどは忘れられません。

昭和三十三年三月三十一日を限りに、全特飲街は売春防止法実施により消滅しました。

最期のお別れにと、鳩の街にも行ってみましたが、町をあげて「螢の光」の大合唱なんてことはなく、もう早々と閉めてしまった店もあり、女のコも若いコが多かったせいか、身のふり方を考えて出て行ったのでしょう。いつもより閑散としていました。

しかしイロの道は不滅で、その後いろいろなお遊び所が出現する事情はご存じのとおり。でもソープ街に変わったのは吉原と新宿のみで、あとは静かなフツウの町となりました。

それはそうと、あの頃、鳩の街のお遊び代がチョンの間（三十分足らず）で三百円。当時カケダシの私のＮＨＫ出演料が三百円。お女郎さんと同じ値打ちだなと、妙に感じ入ったものです。

［二〇〇三年］

【珍奇百景】フシギ系看板・はり紙

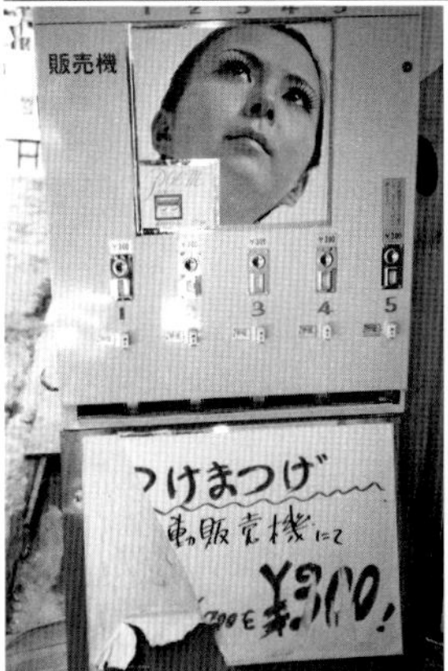

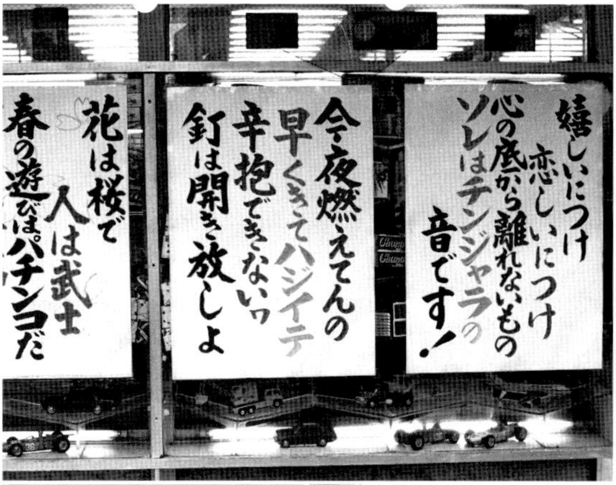
花は桜で 人は武士
春の遊びはパチンコだ
今夜燃えてんの
早くきてハジイテ
辛抱できないワ
釘は開きっ放しよ
嬉しいにつけ
恋しいにつけ
心の底から離れないもの
ソレはチンジャラの
音です!

元祖
助平うどん

かつら
かもじ
喜楽堂

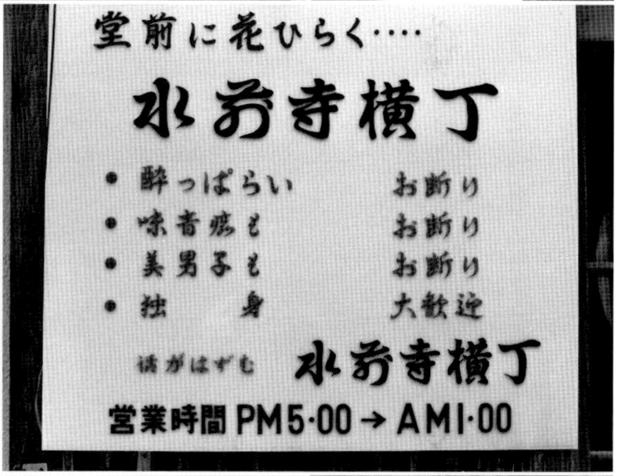
堂前に花ひらく・・・・
● 酔っぱらい お断り
● 味音痴も お断り
● 美男子も お断り
● 独身 大歓迎
話がはずむ
営業時間 PM5・00 → AM1・00

昼间 郵区内
このポストの所在地
三好町昼間
郵便番号
771-25

四つのテスト
言行はこれに照らしてから
1.真実か どうか
2.みんなに 公平か
3.好意と友情を深めるか
4.みんなのためになるか
どうか
1964

旅先にて・北海道

余市［北海道］

余市の運上屋跡［北海道］

小樽の応援団［北海道］

旅先にて・東北

右頁／盛岡の小松太鼓毛皮店［岩手］
上／撮影地不明、お百度参りをする女性

小名浜［福島］

小名浜［福島］

上／秋田　下／山形

撮影地不明

上／作並温泉のストリップ劇場［宮城］　下／弘前のさくらまつり［青森］

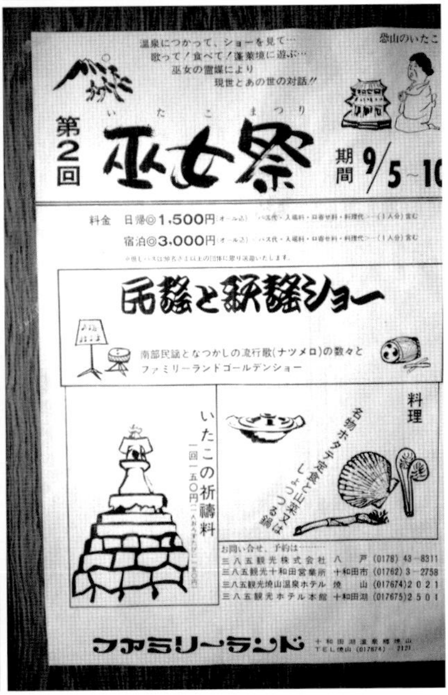

上左／新庄　上右／酒田［ともに山形］
下左／八戸　下右／十和田温泉［ともに青森］

旅先にて・関東

右頁／日光東照宮に詣でる団体客［栃木］
上／佃島［東京］

ハウスの
トーケン

右／木更津漁港
左上・左下／木更津のストリップ劇場［いずれも千葉］

旅先にて・中部

右頁／直江津のいかや旅館［新潟］
上／金沢の中屋彦十郎薬局［石川］

上・下／輪島の朝市［石川］

上／月岡温泉［新潟］　下／西尾［愛知］

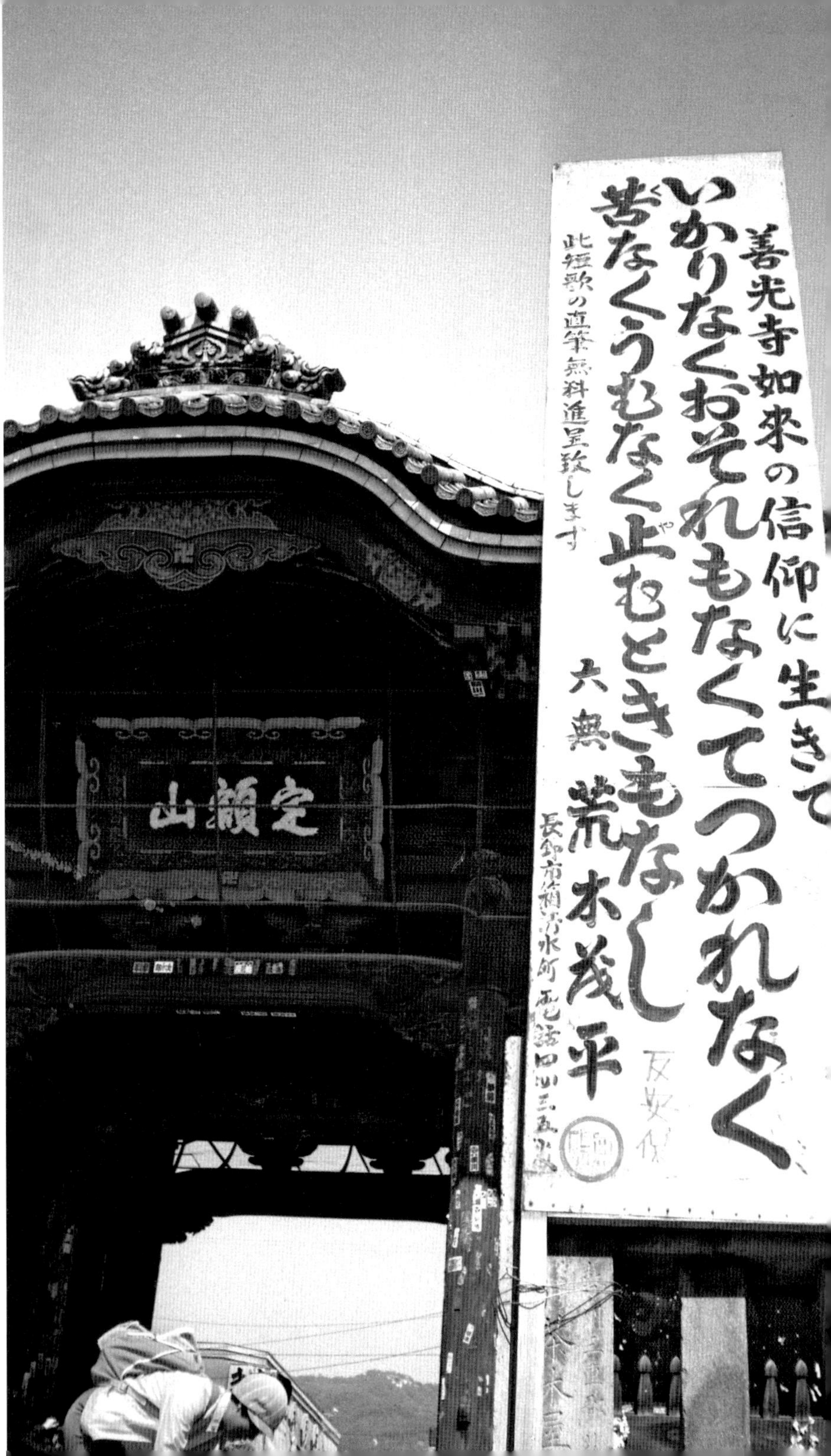
定額山
善光寺如来の信仰に生きて
いかりなくおそれもなくてつかれなく
苦《く》なくうむなく止《や》むときもなし
六無 荒木茂平
此短歌の直筆無料進呈致します
反安保

右頁／善光寺［長野］
左／小松［石川］　右／巻町近辺［新潟］

石川

左／長岡の成人映画館［新潟］　右／魚沼市大湯温泉のストリップ劇場［新潟 1972年］

佐渡のストリップ劇場［新潟］

旅先にて・関西

右頁／道頓堀中座正面　上／中座近くの芝居茶屋［ともに大阪］

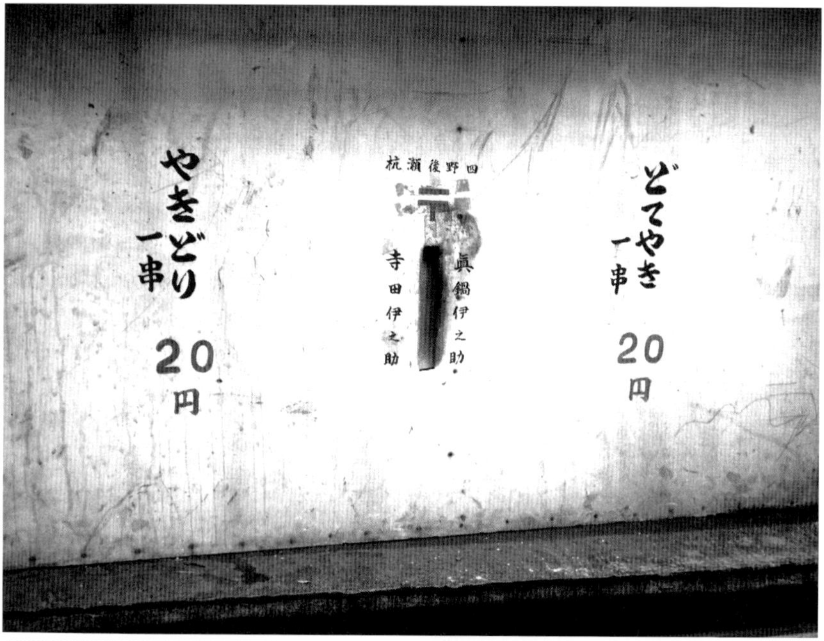

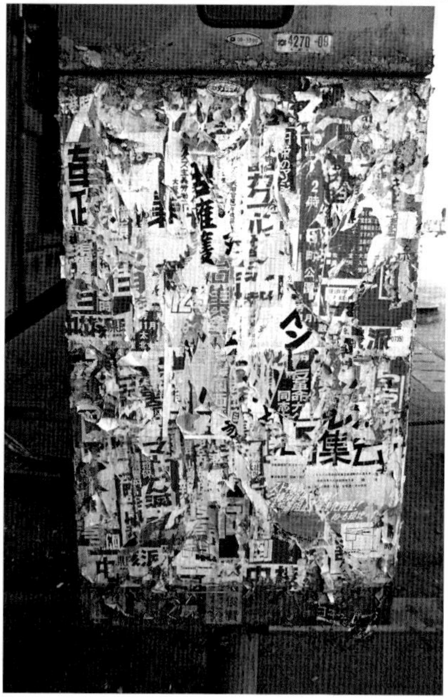

上／尼崎の郵便ポスト［兵庫］　下左・下右／大阪
左頁／道頓堀［大阪］

プリント合板
住宅機器
スカイシアター
ニュージャパン
清酒
目標
PEPSI
3F
人の世界
橘

上／東員［三重］　下／滋賀

上／兵庫　下／比叡山［京都］

左／神戸市兵庫区［兵庫］　右／大阪
左頁／湊川［兵庫］

湊
温泉地下劇場
覗き師
温泉地下劇場
家族湯
入口
家族風
駐車禁止
車庫につき
54-05

トビタＯＳ劇場のトクちゃん［大阪　1969年］

トクダシ小屋のトクちゃんの一代記について（抄）

大阪飛田の本通り商店街を、通天閣を背にして入り、踏み切りを渡って少し行くと、道路の真中に、背の低い坊主あたまのオッサンが、トビタOSと染めぬいた派手なはんてんを着て、何やら声を出している。道を行く人はもう見なれているせいか、目にも止めない。

このオッサンの立っているところを、左へ路地を入ればトビタOSヌード劇場だ。以前はこの角に、派手な毒々しい看板やら、通りいっぱいに張った垂れ幕など下っていたが、今はそれを、すっかりとっぱらってしまったので、オッサンが立ってないと、ウッカリ通りすごしてしまう。つまりオッサンの役目は、目印兼呼込みであって、浪曲ばりのダミ声で時々、おもいだしたように通行人に向って何かいうのだが、何といってるのかよくわからない。しかしわかろうがわかるまいが、そんなことは一向おかまいなしといった無頓着な顔で、彼はひる前ごろから夜おそくまで、ずーっと道路の雑踏の真中に突ったって、九官鳥の鳴き声のように断続的に声を出しているのである。その姿はいささかユーモラスでもあり、背中の肩のあたりには淋しさといったようなものが漂ってもいた。

このオッサン。通称徳ちゃん。四十九歳。大正八年、愛知県舞浜新田、いまの碧南市に生る。家は半農半漁で、そこの三男坊。彼は生来、短軀、斜頸、斜視、吃音、加えて左手が不自由だったので、村の子どもらから笑いものにされいじめられた。彼の弟も斜頸だったが、彼ら兄弟が遊んでいると、近所の子は寄ってたかって、

〽兄さ、かたぎ（首まがり）。おらあ、頭が横びつだァ。ワァーイ、ヤァーイ

とはやし立ててからかった。だから学校へ行くのが

いやで、毎日風呂敷包みを田んぼのすみに積んである藁《わら》の下にかくし、村はずれにかくれてうろうろしていたが、先生は何も知らないで親を叱る。彼は親に叱られてしぶしぶかつ、恐る恐る次の日登校すると、首まがり、チビとののしられて、またころがされた。やっぱり学校はいやだ。翌日からはもう絶対彼は登校しなかった。

今、彼は、学校へ行かなかったことを恥じて、とつとつと述懐する。ヤッパリソレハ、俺ガ、イケナカッタンダ。ワシノ、カンガエガ、ワルカッタンダ、と。

その頃の徳ちゃんの楽しみは、町の活動小屋であった。学校を逃げては活動小屋の前でウロウロしていた。中に入って見る金はもちろんないが、活動写真の街廻りの行列について歩くのが好きだったのである。この町廻りはたいてい二、三人づれで、旗を立て、太鼓をたたき、ビラをくばり、上映する活動写真の口上をいいながら、町から近村を流して廻っていたが、彼はいつのまにか、その旗持ちになって行列の先頭を歩いていた。もちろん報酬などもらえるわけではなくとも、彼は何よりそれがうれしく誇らしかった。ちょうどその頃は、目玉の松ちゃん（尾上松之助）が死んで、林長二郎が売りだし、アラカン（嵐寛寿郎）の鞍馬天狗がはじまった頃でもあろうか。地方の映画興行はひる町廻りをやり夜映画をみせていた。徳ちゃんは毎日、町廻りの幟《のぼり》をもって先頭を歩いていたが、やがてそれも家人の耳に入り、この恥さらしとこっぴどく叱られ、あげくの果ては、お前みたいなものは以後のみせしめにそうやって、いつまでもそこにおれ、と裏の大木にしばりつけられた。見るに見かねて、隣の人があやまってくれて、なわはほどいてもらったが、徳ちゃんの恐怖心はとけず、こりゃ殺されてしまうかもしれんと、翌日家をとび出した。ちょうど、舞浜新田には、東天声という、浪曲もやれば手品もやる芸人の一座がかかっていた。だいたい彼は腹一杯めしを食った記憶がなく、常に腹がへっていたので、東天声の、箱の中から何でも取り出す手品をみて、

ああ手品はいいなあ、あの箱からめしをどんどん出して食べてみたい。手品師になったらめしの食べほうだいだろう。

そう思って、東天声の弟子入り志願をしてともかく

も許された。さて弟子になってみて、手品には仕掛けがあり、箱の中から出すものも、前もって用意されていることを知り、驚くと同時にがっかりした。彼の手品師への夢は瓦解したが、天声から教えられる浪花節の方で身を立てようと決心した。東小《あずまこ》寅丸《とらまる》の名をもらい、紺屋《こんや》高尾《たかお》や藪井《やぶい》玄以《げんい》など一生懸命に練習した。しかし実際は一座の雑役で、朝早くから夜おそくまで働かせられ、彼はいつもねむたかった。居ねむりと大めし食らいは彼の特技だったが、ある日、ささいなことで天声に叱られ、ぶったりけったりされた。こりゃ、殺されちゃう、とまた思って天声一座を逃げた。

「天声サンハ、ワリイ人デハナイスヨ。マア、ユウト、タッタヒトリノ弟子ダデ、ナントカシテ、モノニシヨウト、キツクシタンデ、ジブンハ、アントキマダ、チッケエ時分デ、ヨクワカンネカッタカラ……。アントキ、石ニ噛《かじ》リツイテモ、オッタラ、モノニナッテタネ」

　他を怨まず、われをさいなむ。徳ちゃんの現在の心境はキリスト級である。

　その頃——昭和のはじめ。ラジオがようやくにして普及し、無声映画はトーキーに変わり、ジャズが都会人の心をとらえ、歌謡曲の時代が始まった。芸能のありかたが急激に変わりつつある時であった。しかし、明治、大正と盛り上って来た浪花節の人気は、昭和になってもおとろえはしなかった。特に中京地方は浪花節の盛んなところだった。

　東天声のところを逃げ出した小寅丸少年は、舞浜新田のわが家に帰ったが、自分で勝手に家出してヒョコヒョコ戻って来る奴なんか、相手にするなとしめし合わせたようにみんなに冷たくあしらわれた。さすがに母親だけが、着物となにがしかの金をあたえて、お前もどうせ居づらいだろうから、しっかり頑張ってひとかどの者になってから帰っておいでと、彼を送り出した。送り出されたものの、別に行くところがあるわけではない。徳ちゃんは習いかじった浪花節で門付けをしながら、愛知県下を流して歩いた。

　しかし、この門付けをしていたことを、徳ちゃんは何となくボヤカシて、最初は話してくれなかった。門付けなどという乞食に近い所業を徳ちゃんはハズカシイことと思っているからである。やっと話してくれた時は、さも、情ないといった笑い顔で、頭をかきかきだった。でも徳ちゃん。ちっともはずかしがることはないぜ。そりゃ、門付けはみんなから乞食扱いで軽蔑もされたろう。しかしわれわれ芸人は――芸能人といってもいい――みんな昔は、乞食みたいなもんだったんだ。浮浪民だったんだ。そういう階級だったのだ、ついこの間まで。特に、浪花節は、チョンガレといわれて、みんな大道芸人、門付け芸人だったのだ。徳ちゃん、あんたは、そういう芸能人の運命を体験した、おそらく最後の人達のひとりだといえるだろう。あなたの場合、生まれながらに背負ったいろいろな宿命、体の具合のよくないことや、貧しい農家の三男坊だったことや、そんなことがあんたを、定住する世界から、浮浪する世界へはじき出してしまったといえるだろう。しかしむかしから芸能社会は、そもそも安定社会からのはみ出しものによって構成されたものなのである。徳ちゃんをみていると、私は遠く、私達の祖先をみる思いがする。私達芸能者の過去の残影があんたに宿っているもののようである。

そんなことをいったって、徳ちゃんは、迷惑がるだろう。あんたにしてみれば、それは何のなぐさめにもならない。徳ちゃんは心のすなおな人だから、そんなことはないが、はたからみればおちぶれた芸人を、いま盛業の芸人があわれんでる、情をかけてるとみるかもしれないし、また、単に物珍しがってへリクツをつけているととられるかもしれない。しかし、他人に何と思われようとも、私は、あんたに、いくとせ、故郷来てみれば、咲く花鳴く鳥そよぐ風……ふるさとへ帰ったような気がしてならないのだ。

徳ちゃん一代記をつづける。

さて、門付けの浮浪の旅をつづけているうち、安城あたりの村の祭でうなっているところを、「お前いい声してるじゃないか、うちへ来ないか」と敷島若大蔵という浪花節語りに拾われた。若坊と名をもらい、生まれてはじめて座敷で人を集めて語ることが出来、花(祝儀)を三円も貰ってビックリした。いい気持で、これも生まれてはじめての女郎屋へとんだ。坊や坊やと年増女に可愛がられて、あっという間に金は使ったが、そのあとは、女がお金を出してずーっと遊ばせてくれたという、たいへんなイロ男ぶり。この年増女の味は終生忘れられないという。間もなく師匠の若大蔵は北海道の巡業中、赤痢で死んだので、また郷里へ帰ったが、もういっぱしの芸人で近郷の祭興行などにはちょいちょい口もかかり、一晩一円位のゼニになることもあったのである。矢作《やはぎ》にいた大関若丸から呼ばれてその一座に入ったのも、彼の名が少しは近在に知られたからだろうか。若丸の一座にはモタレ（真打から一つまえの高座）を読んで二、三年ほどいた。腕もあがって来たので若丸は、彼に東京へ行くことをすすめ、浅草聖天《しょうでん》横丁に住む木村重友に紹介した（この重友は友春からの二代目重友である）。重友の弟子となって名は木村春治。「無筆の出世」などを習って得意とした。重友は市川興行部に属していたが、この市川の親爺さんには可愛がられて、アンマの駄賃に二円もらったりしたが、金がはいるとすぐ吉原へとんでいって使った。元来おとなしいほうだが、喧嘩をすると口がおくれて、手が出てしまう。ささいなことからいい争い、「首まがり」といわれてカッとなって仲間をビールびんでなぐり、東京に居られなくなった。東京を去った徳ちゃん、四国へ渡って、こんどは門付けはやらないで土地土地の、農業組合の組合長などを頼って行き、公会堂に人を集めてもらって浪花節を語り、一席おわると盆を客席に廻して金を集めた。江戸の昔からある「ここらで、編笠廻そうか」式の観覧料徴収法が、ついこの間まで生きていたのがうれしい。これを〝お盆まわし〟というそうである。五銭、十銭とお盆に銭を投げ入れてくれる。そんななかで五円をふんぱつして、「お前さんの、最後にやった浪花節は大変結構なものだ。あれをもう一度やってくれ」と所望された演題があった。つまりアンコールを求められたわけである。そういったのはその町の警察署長の奥さんで、「文句が気にいった」というのである。その文句は、彼の苦心の自作だった。

〽守れや守れ国民よ
幾千万の同胞よ
心一つに身をかため
君に忠義をつくすべし
国家に義務を果たすべし
大和心の真心を
世界に名を輝かせ

君に忠義を尽くすには
子ども育てが第一よ
帽子にはきもの整頓に
着物の前をちゃんとしめ
行儀正しく育つべし
酒と煙草はのんでもよいが
はたちが来るまで辛抱させ
するほど良くなる身のためは
孝行に勉強に働きだ。
親も喜びわれわれも
愚鈍なものをだますなよ
まして成功は出来はせぬ
悪の栄える例《ためし》なし
善のほろびる例なし
金が出来ても誇るなよ
金は天下の廻りもの
出来るも出来んも運次第
たとえ貧苦に追わるるとも
悪い考えせぬように
下うつむいて働けよ

働く門《かど》には福来り
天道《てんと》さまや神様に
御利益うけたるその時は
家に入り来る福の神
家内一同えびす顔
守れ東亜の建設を
出せ一億の底力
なにがなんでも勝ちぬくぞ。

（いま、徳ちゃんは、最後の三行を変えて覚えていて、当時の原型を思い出すのに、ちょっと手間どった。今では、最後を、

　守れ平和の建設を
　出せ一億のまごころを
　築け平和の新日本

となおしている。あとはなおす必要を感じなかったらしい）

さて八幡浜から九州へ流れた彼は、別府で大久保興行部に拾われて、農業会の慰安会などに出演するうち、酒井雲坊の一座に入って、名を朝原太陽となのり、シリ三（真打のまえのまえ）を読んだ。この酒井雲坊こ

そのちの村田英雄である。余談になるが、徳ちゃんがのちに、功なり名とげた村田英雄のワンマンショーの楽屋を恐る恐る訪れたとき、村田英雄は、身なりの悪い徳ちゃんを「兄《あに》さん、兄さん」と手厚く招き入れてもてなしたそうである。エライ!

さて、その頃、雲坊の一座の世話を何くれとなくやいていた少女があった。大久保サンの娘である。徳ちゃんはその時二十五。少女は十六であった。彼はひそかにこの少女に恋をした。朝原太陽じゃない、朝マラ太陽だなどとからかわれていた徳ちゃんの、一生に一度の純愛である。だがこの恋、まもなく破れる。それはある日の、朝原太陽出番の幕開き寸前のことだ。いつものように演台《テーブル》の上に、少女がコップに水を入れて用意をしてくれたが、その時、少女はいったんテーブルに置いたコップの水を、何思ったのか、ちょっと一口飲んだ。少女らしい茶目ッケでふざけたのかもしれないし、ひょっとしたら徳ちゃんへの親近感の表現だったのかもしれない。ところが、これが徳ちゃんにはカチンと頭に来た。舞台で飲む、まだ口をつけていないコップを、女が飲むとは何事だ。バカにしやがって! とそのコップの水をいきなり少女の顔へたたきつけた。なにもそんなにカッとなる程のことはないだろうにと、徳ちゃんに何度もその時の心境をたずねたのだが、答えは一つであった。

「女のくせに、バカにしたから」

彼の極度の劣等感のためか、あるいは、可愛さ余っての複雑な心理ゆえか、どうもよくわからない。とにかくこの事件の決着は、少女の母親の怒りをかって、彼は一座を追われる身となったのである。

また故郷へ帰ってブラブラしていたが、やがて、福井県を回る祭興行のくちがかかって、北陸へ行き、高城ぽん太とまた名を変えた。この当時が、彼のフシの最盛期であったと、徳ちゃんの自讃する弁舌は熱をおびる。

「ソノコロノ、アタシノ浪花節ノ声ナンテ、ヒトップシ、ヤッタラ、バァーッ、バァーット拍手ガ来テ、イイ声デネ。春日井梅鶯《ばいおう》節デ、ヒトフシ、ヒトフシ、拍手ダ。ホシタラ、前座ガコンナダッタラ、アトガモツカ、ナンテ、ミンナガブルブルフルエタ」

徳ちゃんの芸のピークは、どうもこの頃らしい。とところが、ある日、九頭龍《くずりゆう》川河口の三国の町での興行を終って、ふところのちょっとあったかい徳ちゃん、たった一つの楽しみである女郎買いに行った帰り道、プツッと声が出なくなったのである。

「ユーカクカラ出テ、ソイデ、アノ、川ップチヲアルイテ、イイキモチダカラ、ナニワブシ、ヒトリデヤッテヤロウトオモッテ、ダケド、ドーシテモデナイ、声デナイ。プッツリ。ハハハハハ、コワイモンダ、ジョーロカイハ、ハハハハ」

調子の出ない浪花節語りは、いかにドサ回りといえどもお払い箱だ。徳ちゃんは、ノドの回復をまつと同時に修業のしなおしを志して、福井巡業中目をかけてくれた大蔵雲センセイをたよって大阪に来る。名前は、またまた変って、大蔵案山子《かがし》。これが、昭和二十四、五年のことらしい。

だいたい、徳ちゃんの話には、戦前、戦後の区切りがない。大ていの人の身の上ばなしには、若い人でない限り、多かれ少なかれ戦争がその人生にさまざまな影響をあたえているものだ。とくに戦中から戦後にかけての時期が、人それぞれの人生の、浮き沈みの苦労ばなしの発端であったり、中心であったりする。生きるつらさを味わったのは、みんなあの頃だ。けれども徳ちゃんの半生は、戦前も戦後も関係なしの、つらいずくめ、沈みっぱなしの人生だったのだろうか。それとも、子どもの時だけがつらくて、あとはフシさえうなって女郎買いだけ出来ればそれでうれしい毎日だったのだろうか。いずれにしても、徳ちゃんのはなしから、戦争は出て来ない。

声の落ちた大蔵案山子は、あまりゼニのとれる芸人ではなかったらしい。したがって、彼の唯一のタノシミにも事欠くありさま。つらさがつのって、雲センセイの妹の娘に、夜ばいをかけた。夜ばいなどというものは、そもそも、敏捷、狡猾《こうかつ》なる輩《やから》にしてはじめてなし得ること、徳ちゃんは、夜ばいをするには、鈍かつ純であった。もちろん、騒がれて失敗。未遂の夜ばいのトガにより、即刻クビと相成ったわけである。

そしてふたたび、門付けの流浪ぐらし。むかし流した名古屋方面へも行ってみたが思わしくなく、また大阪へもどって釜ケ崎をねじろに、門付け暮しをしているうち、かつては浪花節の小屋だったトビタＯＳのお

やじさんに拾われたと、まあざっとそういうわけの徳ちゃん一代記。

私は、徳ちゃんの生涯に、日本の芸能史をかいまみた。というと、ばかに大げさだけれど、ちかごろ、俳優のふるさとについて、芸能人の素姓について、気になって仕方のない私にとって、徳ちゃんは、したわしいわれわれの先祖のひとりのように思えてならないのである。たんに浪花節芸人の前身を彷彿《ほうふつ》と想い浮かべるだけでなく、中世から古代にまでさかのぼって、そのかみの放浪の芸能者の姿が、なぜか徳ちゃんにダブって、私の脳裏に浮かびあがって来るのだ。

徳ちゃんは、今も元気に、ヌードの小屋の前で、「ええ、いらっしゃーい」と呼びつづけている。この人は長生きすると思う。いいなあ。

［一九六九年］

旅先にて・中国〜四国

広島

中国随一の公園墓地誕生!!
永遠に輝く太陽の庭
竜の口国際霊苑
岡山県指令倉東保第二六七二号
販売申込受付所
中村石材店
TEL二四〜八三〇六

右頁／倉敷［岡山］　上／下関にあった銭湯［山口］

上／防府の天満屋［山口］　下左・下右／倉敷［岡山］
左頁／広島の提灯傘屋

CHERRY
大福帳

洋画は三友舘
大映
5日
青い体験
青い体験
恍惚の朝

倉敷東映
洋画専門 倉映
第二倉映
個人生活
A BALL DES SEIGNEURS
WEST SIDE STORY
ウエストサイド物語
19日 9日
ウエストサイド物語
12日 18日
A級
ストリップ
大衆

倉敷［岡山］

いのうえ美容室
倉敷温泉

右頁／倉敷のストリップ劇場・大衆座［岡山］
上・下／徳島市［徳島］

鳥取

旅先にて・九州

右頁／飯塚へ向かう車中で出会った男子高生［福岡］
上／長崎市の肖像画店［長崎］

田川の伊田銀天街［福岡］

宮崎の小さな漁港

上３点／嘉穂劇場
左頁／嘉穂劇場の永六輔［いずれも福岡］

ゆるがぬ歌謡界の王座
波春夫
ールデンショー
芸能座旗上公演
小沢昭一
加藤武
山口崇
木の実ナナ
永六輔
清水次郎長伝伝
3月16日
2300円
2000円
1400円
850円
自動車は各自の所に入れる様お願い致します
前売
浪曲大会
1500円
当日券
2200円
2000円

左／宮崎市のこどものくに［宮崎］　右／田川［福岡］
左頁／飯塚［福岡］

パチンコなら月世界
パチンコ
暴力追放宣言の街
飯塚中央地区暴力追放推進協議会
飯塚警察署
パチンコに強くなる方法
一、信用ある店を選ぶ（たとえば月世界？）
二、出る台を追ふ
三、利は元にあり
四、店員をおこらせない様に
五、ハラを立てない
六、出る時は早打ち
七、出ないときはまず一服
朝風
大衆食堂
たばこ
下川
おふくろ

売春考

売春防止法が実施されてから二十年、「赤線」はなくなったが、「売春」は復活したとして、「公衆浴場法の一部を改正する法案」が提出されるのだという。

もしその法案が通ったとしても、売春はいぜんとしてなくならないだろう。世の中のしくみを変えない限り、法律で禁止しても売春はなくならない。かたちを変えて、またどこかで必ず行なわれるだろう。

また二十年後に、こんどはネオンのついた〝個室床屋〟が蔓延《まんえん》したりして、〝理髪業法（というのかどうか）の一部を改正する法案〟なァんていうのが出てくるようになるかもしれない。

旧赤線の復活を望む声も一方にあるが、あれはなくなってよかった。赤線の搾取、束縛はひどかった。不衛生でもあった。このあたりは女の議員さんと同見解である。あれは女のコが気の毒だった。

しかし、そういう点では、いまの「公衆浴場」は、赤線に比べてずっとずっと諸般にわたり向上している。女のコは自由だ。暴力団にあやつられているのもいるが、暴力団をあやつっているのもいる。

しかし、暴力団との結びつきをいうなら、どうして暴力団禁止法案のほうをやらないのだろう。そのほうが売春禁止の近道とは思わないのか。暴力団に対しては例の「議員の視察」とやらも決してやらない。

ただ、赤線よりも「公衆浴場」がお値段が高くつくようになった。赤線は学生さんでもチョイチョイあがれたが、「公衆浴場」はチョイチョイというわけにはいかない。「公衆浴場」が禁止になれば、代わりに必ず発生するであろう形態はなんであれ、またお値段が吊り上るに違いない。

「男が女をオモチャにしているのはケシカラン」という意見にも賛成である。男女平等のほうがいい。女も男をオモチャにしてしかるべきだ。男郎屋があってもいい。もっとも男郎屋のハシリのごときものもできつつあるが、まだ全然熟していない。

そのホスト業のことはおいて、「公衆浴場」では、実は、男はオモチャにされている。最初のうちはそうではなかったが、いつのまにかオモチャにされる〝コース〟が定着した。客としての男は終始、受身なのである。妙なことだが、これは赤線とはほとんど正反対である。

だから、「公衆浴場」はM的男子の寄る所と断定する消息通もある。

けれども、そんなことよりなにより、反対論者は、売春そのものを、不必要悪としているのだ。そして、その根底では、性を罪悪視しているのだろう。

いえ、健全なる性ならば……ともいうが、性に健全も不健全もありはしない。性を生殖と快楽とに分ける考え方もあるが、どこからどう分けるのか。

売春を「必要悪」といいきる考え方も、どうも私にはシックリこない。必要、不必要の基準・判断は何によるのか。世の中、不必要なものも必要である。それに、だいいち、ものごとを「善・悪」二通りに分けるきめつけ方がいやだ。「必要悪」といういい方でいうなら、私などむしろヘソマガリに、売春は「不必要善」だといいたくなってしまう。

ほんとうのことをいえば、売春そのものについての善悪の判断は、私にはむずかしい。しいて善悪でいうなら、悪であるからこそ善だといいたいが、それじゃ何が何だかわからないと、納得はしていただけないであろう。

だが、納得してもらえなくてもいい。そう私が思うのは、いま私は、売春取締りに憤慨して下手な反対論をぶってるのではなくて、反対どころかむしろ取締ってもらいたいと思っているからである。実は私にとって禁止法はOKなのだ。

その理由は、私が毎度申し上げていることだが……それに、それほど独創的見解でもないのだが、「悪所」といわれた「かぶき」と「よしわら」――つまり、芝居と色里とは、たび重なるオカミの御法度の網の目をくぐりぬけて発達したということ。「悪所」は御禁制のウラをあの手この手でかいくぐる活力により「文化」を創造した。オカミの弾圧あったればこそ、「悪の華」は美しく咲いたのである。これ、私の禁止法OKなる所以《ゆえん》。

「公衆浴場」もサービスの型がマンネリ化し、形骸だけの流れ作業で「こころ」がなくなってきた。たしかに「悪化」している。ここらでひとつ禁止法の一大鉄槌をチョーダイして蘇生しなければなるまい。へへへ。

ショーバイニンという言葉がある。もちろん商人のことではない。ミズショーバイに従事する人々のこと。だから、ショーバイ女といえば、芸者、女郎など、色を売るショーバイを指した。クロウトともいった。「あの女はクロウトあがり」といえば、ミズショーバイ出身のこと。

古い「職人尽絵」を見ると、遊女はリッパに職能人として扱われているから、彼らはもともと玄人、商売人であったのだろう。

色を売るショーバイの歴史は古いが、『万葉集』に「遊行女婦（うかれめ、あそびめ）」と出てくるように、また『傀儡子記《くぐつき》』に「定居なく当家なく穹廬氈帳《きゅうろせんちょう》（小屋をかけ）水草を逐《お》いて以って移徙《いし》し……女はすなわち愁眉の啼を為し折腰《せつよう》の歩、齲歯《くし》（むしば）の咲《わらい》を粧い、朱を施し粉を伝《つ》け、倡哥《しょうが》淫楽以って妖媚を求む」とあるように、売色は漂泊民のなりわいであった。

漂泊民は土地を持たない人々である。

わがニッポンは農耕社会であったから、支配者は、土地をはなれず農耕に励む定住者中心に社会のしくみを作りあげ、政治から道徳まで定住者の側の規範が確立した。だから、必然的にその規範から逸脱せざるをえない漂泊民は、定着民より蔑視をうけることになる。その蔑視は今もって続き、はやいはなし、住所不定といえば、「社会的信用」はゼロなのである。

カタギとショーバイニン、シロウトとクロウト、といった分け方は、そのまま定着民と漂泊民の区別の延長にあるようだ。

芸能者もまた漂泊民であった。

私としては、カタギの側——定着民の規範からではなく、ショーバイニンの立場でものを考えねばならないのだろう。色里のことも。

近来とみに芸能者はカタギの仲間入りしたがっているようだ。また不思議なことに、カタギは芸能者をまねる。一億総芸能人化などともいわれる。もうカタギとショーバイニンのケジメのない世の中なのである。

そうなっても一向にかまわないのだが、カタギ社会に安住の地を得た芸能者のウデが、めっきり落ちたのは困ったものだ。いえ、ひとごとでなく。

しかし、どだい、そういう新しい世の中では、芸能者が、自分たちの異風さや放埒《ほうらつ》さや、そしてお追従で、カタギの規範を無頼にきりくずしてゆくことは、もうできないしくみになってしまったのであろう。

これこそが、芸能者にとって一大事なのだ。

そういうとき、依然としてガンバッテいるのは売色のショーバイニンである。

カタギの弱点につけこみ、あいかわらずタブラカシのあの手この手を発揮している。尊敬せざるべけんやだが、尊敬しているばかりではラチがあかない。

問題にすべき要点はひとつ——。

売色が、あいかわらず、カタギ社会から蔑視、罪悪視されているということだ。

だからこそ、その反撥のエネルギーが、彼等の智恵を働かさせ、ウデを磨かさせているということだ。

［一九七八年］

トルコ追想

【著者注】「トルコ」という名前は、のちに「ソープランド」という呼称にかわりました。他国の国名を風俗営業の名前にするとはケシカランということです。もっともなことでありますが、それ以前の撮影結果でありますので、どうかお許しください

右頁/横浜・福富町[神奈川] 上/吉原[東京]

栄
トルコ
忠臣蔵
海老寿司
御入浴料
3000
栄
忠臣蔵

トルコ風呂
トルコ
サウナ
TURKISH BATH
コスモス
喫茶
コスモス
コスモス
カクテル
コーナー
トルコ
コスモス
サッポロラーメン
daiyu

上・下／横浜［神奈川］

☎(261)9755
福富町西通
3 4
福富町飲食街案内図
喫茶 いく
クラブ トンガ
コーヒースナック キュート
笑苑
京城苑新館
純和風トルコ 水車
トルコ 大江戸
バー
クラブあそこ
スナック
ホテル中浜
くらぶ水上
和洋トルコ 旅情
国際トルコ
トルコ角えび
焼肉 京城苑
高級トルコ 鎌倉御殿
高級和風トルコ 献上
スナックJOY
港ミュージック劇場
サウナ フジ
トルコ 日本橋
高級トルコ 本陣
クラブ 門
石亭
ロッシュ
(株) 都市美術社
TEL 03(422)4140

徳川
石亭
高級和風トルコ 徳川
港ミュージック劇場
上演中
只今特別興行
祝

上・下／横浜福富町［神奈川］

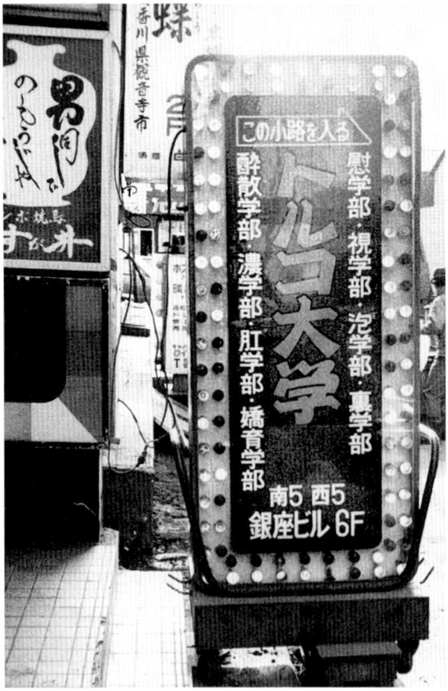

上左・上右／福富町［神奈川］
下左／ススキノ［北海道］　下右／歌舞伎町［東京］

上左／新潟　上右・下左／小名浜［福島］
下右／雄琴［滋賀］

上／福富町［神奈川］　下／吉原［東京］

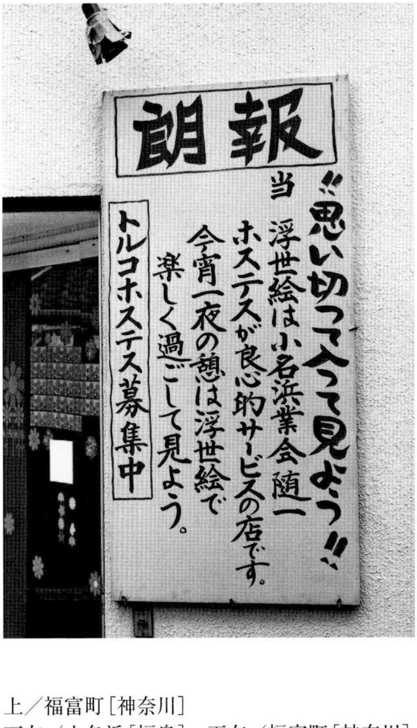

上／福富町［神奈川］
下左／小名浜［福島］　下右／福富町［神奈川］

右頁・上／吉原某店、従業員控室にて［東京］

祇園
遊楽
千歳
豪華トルコ
大阪城
スグソコ

雄琴［滋賀］

【珍奇百景】ピンク系看板・はり紙

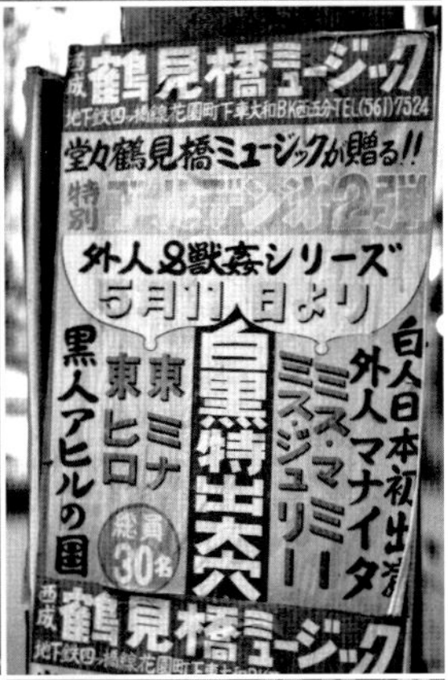

男に生れてよかった
女性募集二〇名・見習生歓迎します
大衆トルコ 小名浜 本陣

新人女性大募集
トルコ ミニスカート
四つのスタイル スカートはミニ サービスはマキシ

遂にススキノに上陸!
最新兵器
ラブチェアー
赤い旋風
トルコチャイナドール

大阪で初めての
お二人の憩いのオアシス
タイム制
デラックス・マンション
1人1時間 ¥500
但し23時〜10時迄¥2000
ヴィーナス

千秋座

サロン
バージン
ようこそ
バージンへ
300円
サロン
バージン
地下

6人乱交
5月
京阪
千林駅
歩五分
大宮3丁目16-19
ヌードの王城
A級伊丹

陰陽事始

大縣神社の陰陽石［愛知 1970年］

阪田神社（別名歓喜神社）の陰陽石［和歌山　1975年］

上左・上右・下左／撮影地不明
下右／田縣神社［愛知　1970年］

上左／掛川・長松山竜華院［静岡］　上右／住吉大社［大阪］
下左／撮影地不明　下右／大縣神社［愛知］

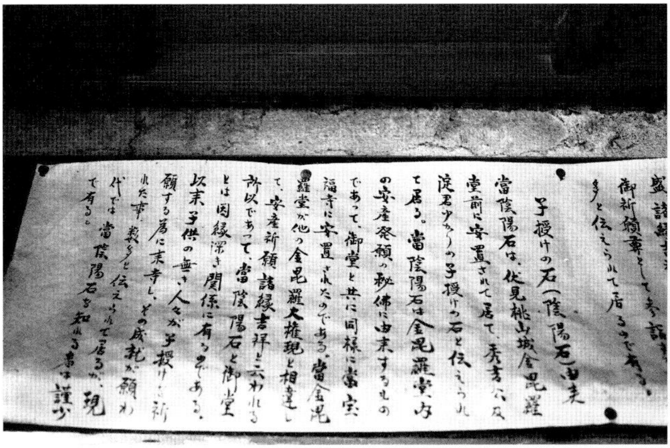

右／掛川・長松山竜華院［静岡 1970年］
左上・左下／宝福寺の陰陽石［京都］

撮影地不明

解説

矢崎泰久

百芸に秀でるという言葉があるかどうか知らないけれど、小沢昭一はそんな人だった。どんなものも芸にしてしまい、しかも誰よりも秀でていた。とことん究めるのである。

カメラマンになるルーツはあった。幼い日からハイポの匂いの中で育っている。『話の特集』での最初の連載は「あたしカメラ」だった。毎号四ページ、主として旅先でのスナップ写真に短いエッセイが付いていた。

視点がいいというか、思いがけないものばかり。小沢さんにしか撮れないもので、遊びとユーモアに溢れたドキュメントになっている。ほとんどが活版印刷で、粗い画質が似合ってもいた。

広島の市電が「ごめん」とか「よるな」いう行先を前面に掲示して、民家の軒先スレスレに走っていたりする。シャッターチャンスも最高なのだ。

この本の中にもそうしたカットはふんだんに見ることができる。

一九七二年から始った「小沢大写真館」の連載は、「あたしカメラ」を拡大したもので、『話の特集』はカラーグラビア八ページを二年間にわたって使用している。七四年に単行本として出版するや、たちまちベストセラーになった。まさに不朽の名作だった。

渋谷公会堂で開催された「話の特集大博覧会」のステージでは、新進気鋭の立木義浩、篠山紀信の二人と写真論を展開して、観客を喜ばせたりもした。接点はむろんヌードであった。

「中年御三家」で日本武道館を超満員にした翌年、小沢さんは芸能座を旗揚げする。多忙に拍車がかかって、『話の特集』での連載が再開されたのは一九七六年からだった。「わた史発掘」という大仕事である。いわゆる自分史ブームの先鞭をつけた画期的な作品となった。副編集長の井上保（故人）が担当した。

誕生から二十年。克明に記録を調べ、自らのよってきたるべき姿を洗いざらい満天下にさらけ出したのである。

「私は東京も場末の写真屋の小倅《こせがれ》で、代田橋、日暮里、高円寺、蒲田、池袋など、東京旧市内の外側の、当時の新開地ばかりをへめぐって育ってきた。親に連れられて何度か浅草へ遊びにきてはいるが、記憶はぼんやりしている。」（「浅草と私との間には……」）

浅草生まれの浅草育ちと称してきた小沢さんによる告白である。

つまり町っ子ではあったが、外っ子でもあったのだ。この原点が次第に生かされてくる。ことにカメラのファインダーを覗く時に、小沢さんの視界に入ってくる光景、人物、建物などが、町を形成している様子を如実に捉える。見事というか、まさに圧観そのものである。徹底的に細部にこだわっている。それが凄い。

細部にこだわるという作業は、情念の賜《たまもの》でもある。

戦後栄えた遊廓は小沢さんの庭のような存在でもあった。そこの有為転変をつぶさに見てきたわけ。したがって売防法が施行されて「赤線」「青線」「特飲街」と移り変り、栄えた街もあれば、廃れた街もある。その隅々に小沢さんは足繁く通っていた。

吉原、新宿、品川、千住、板橋、洲崎、亀有、亀戸、小岩、新小岩、玉の井、鳩の街、立石、武蔵新田のくくりは「赤線」だった。その何処《どこ》とこへもというのはなかなかやれるものではない。少し遅れて通い始めた私には及ぶべくもなかった。

連載中には時々お供をすることがあった。七〇年代ともなると消えつつある街、消えてしまった町がはっきりしていた。吉原のように派手に変貌を遂げた所は稀で、残骸と化した場所が多かった。それでも小沢好みの露地裏はあちこちにあって、玉の井や鳩の街にはそれぞれ執着する情念があった。

風営法によって売防法をくぐり抜けた感のある「青線」では座布団売春が盛んに行なわれていて、まさに吉行淳之介的スレスレの印象だった。小沢さんの写真には、こうした曖昧さも写し出されている。そして、何よりもの圧観は、浴場法と保健衛生法を巧みに纏った「トルコ風呂」の進出だった。

小沢さんの言う通りイロの道は不滅なのである。実にしぶとく脈々と続いている。このことがしみじみとわかる。その裏街道に至るまでを小沢さんの写真は余すところなく活写する。改めて眺めただけでも、身内に怪しの気配が漂ってくるのだった。

「トルコ行進曲」という歌を小沢昭一作詞・作曲で作り、あちこちで歌ってヒットした。もちろんテレビでは取り上げられなかったが、私がプロデュースしたステージでは「ハーモニカ・ブルース」とともに非常な喝采を博したものだ。

ある日、トルコ大使館から小沢さんと私は正式に抗議を受けた。そこでトルコ大使館に行って話し合いの場を持つことになった。小沢さんは何と同国大使を前にして赤ペラで「トルコ行進曲」を歌った。

この歌の中にはトルコ風呂という言葉もなければ、性的な表現もない。ひたすらトルコへ行こうと歌っているだけなのだ。我がココロのふるさとと讃えているのみである。

結局、全員で記念写真におさまり、

「もしどうしても気にかかるなら、外交ルートで政府にトルコ風呂という名称を変えるよう伝えたらいい」

と小沢さんが知恵をつけた。ソープランドとなったのは、この時の出会いからだった。

しかし、小沢さんと私は、以後もずっとトルコと呼ぶことをやめなかった。

町にはいろいろな人がいる。子供もアンちゃんもクリカラモンモンも年寄りもいる。町には背景ではなく主役として建物がある。それを丹念に写真で結びつける。そこには幾《いく》つものストーリーが生まれ、心に定着する。

この本で初めて見る写真もあった。当然ながら私にとっていちいち発見があった。しかも、一度通り過ぎてから、再び見ると違ったイメージが湧いてくる。どうやら小沢昭一が住み着いているように思えてならない。

向島に小沢さんの墓がある。隅田川を隔てて、そこは浅草。

好きな浅草をずっと見続けようという魂胆がありありである。しぶとく諦めないのが信条でもあったから、油断ならない。百芸の王は死なない。

［やざき・やすひさ／元『話の特集』編集長］

【エッセイ初出】

路地を歩けば
『燦日』一九八六年秋号、『裏みちの花』（文春文庫 一九九六年）収録

道の商いの売り声
鮫島純子著『あのころ、今、これから…』（小学館 二〇〇〇年）解説

一銭玉の世界――駄菓子屋
『日経マネー』一九八八年一月号、『もうひと花』（文春文庫 一九九八年）収録

打ち水――またひとつ人間の退化
『四季八十彩』一九八〇年五月号

井戸
『シンラ』一九九五年十月号、『むかし噺うきよ噺』（新潮文庫 二〇〇二年）収録

都電えれじい（抄）
『旅』一九七四年四月号、『言わぬが花』（文春文庫 一九八六年）収録

浅草と私との間には……
『ぼくの浅草案内』（講談社 一九七八年、のちにちくま文庫 二〇〇一年）収録

日本遊廓建築残骸大全
『芸術新潮』一九八七年六月号

色街慕情
『東京人』二〇〇三年一月号、『小沢昭一百景 随筆随談選集②せまい路地裏も淡き夢の町』（晶文社二〇〇三年）収録

トクダシ小屋のトクちゃんの一代記について（抄）
『私は河原乞食・考』（三一書房 一九六九年、のちに岩波現代文庫 二〇〇五年）収録

売春考
『雑談にっぽん色里誌』（講談社 一九七八年、のちにちくま文庫 二〇〇四年）の「はじめに」を改題

【本書の刊行にあたって】

本書は、小沢昭一氏の生前に企画が決定し、編集作業が進んでいたものです。
弊社では、二〇一一年、小沢氏にPR誌「ちくま」の表紙写真と「某月某日」と題したエッセイを十二回連載していただきました。
その過程で小沢氏が長らく撮影保管してきた、人物や風景などの膨大な写真の存在が明らかになりました。
その価値に鑑み、弊社より、写真集としてまとめさせていただくことを提案しご了解いただいたものです。
生前の小沢氏のご指示により、編集は、編集部が行いました。
謹んで本書を小沢昭一氏の御霊前に捧げます。

二〇一三年一一月

筑摩書房編集部

本書の編集に当たり、左記の方々のご協力をいただきました。

ビクターエンタテインメント株式会社
『話の特集』矢崎泰久
市川捷護
小川洋三
津島滋人

小沢昭一……おざわ・しょういち

昭和四年、東京生まれ。早稲田大学卒業。
俳優座養成所をへて、
昭和二十六年俳優座公演で初舞台。
以後、新劇・映画・テレビ・ラジオと幅広く活躍。
一方、民俗芸能の研究にも力を注ぎ、
レコード『日本の放浪芸』シリーズの製作により、
昭和四十九年度芸術選奨新人賞を受賞。著作活動も、
著書『ものがたり 芸能と社会』(白水社、新潮学芸賞)のほか
『珍奇絶倫小沢大写真館』(ちくま文庫)
『小沢昭一百景 随筆随談選集』(全6巻 晶文社)
『放浪芸雑録』(白水社)など多数。
平成六年度、紫綬褒章受章。
平成十二年、「紀伊國屋演劇賞個人賞」
「読売演劇大賞優秀男優賞」を受賞。
平成十三年度、勲四等旭日小綬章受章。
平成十七年、朝日賞受賞。
平成二十四年十二月十日、逝去。

写真集《しゃしんしゅう》 昭和《しょうわ》の肖像《しょうぞう》〈町《まち》〉

二〇一三年二月一〇日 初版第一刷発行

著者 小《お》沢《ざわ》昭一《しょういち》
発行者 熊沢敏之
発行所 株式会社 筑摩書房
東京都台東区蔵前二-五-三 〒一一一-八七五五
振替〇〇一六〇-八-四一二三
印刷 凸版印刷株式会社
製本 凸版印刷株式会社

Printed in Japan
ISBN978-4-480-87631-7 C0095

*乱丁・落丁本の場合は、左記あてにご送付ください。
送料小社負担でお取り替えいたします。
ご注文・お問合せも左記へお願いします。
筑摩書房サービスセンター
さいたま市北区櫛引町二-六〇四 〒三三一-八五〇七
電話 〇四八-六五一-〇〇五三

小沢昭一の本

◇近日刊行◇

写真集

昭和の肖像〈芸〉

小沢昭一が出会い、取材した芸人たち、そして芸の生まれる現場。
芸を生業とする人々に心を寄せる温もりある写真の数々。
『写真集　昭和の肖像〈町〉』姉妹篇　A5判上製

◆好評既刊◆

＊ちくま新書より
『芸人の肖像』

＊ちくま文庫より
『珍奇絶倫　小沢大写真館』
『小沢昭一がめぐる寄席の世界』
『日々談笑　――小沢昭一対談集』
『平身傾聴　裏街道戦後史　色の道商売往来』
『平身傾聴　裏街道戦後史　遊びの道巡礼』